시대전환,

소프트웨어와
인공지능

★ ★ ★

인공지능 시대, 우리는 왜 코딩을 배워야 하나?

시대전환,

소프트웨어와

인공지능

김영근 지음 | **김이환** 그림

"누구를 위한 프로그래밍인가?
누구를 행복하게 해주기 위한 코딩인가?"

이것이 우리가 소프트웨어를 해야 하는 진정한 이유이다.

바른북스

인공지능 ChatGPT(Generative Pre-trained Transformer)가 또다시 세상을 놀라게 하고 있습니다.

ChatGPT는 거의 모든 분야의 수준급 리포트를 작성하고, 시를 짓거나 간단한 코딩도 할 수 있는 만물박사로 여겨지고 있습니다.

물론, ChatGPT는 학습을 하지 못한 분야에 엉뚱한 답을 내놓거나 그럴듯한 말로 잘못된 지식을 전달하는 경우도 있지만, 지속적인 강화학습으로 그 지능은 계속해서 향상되고 있습니다.

인공지능(AI) 시장은 그 끝을 알 수 없을 정도로 빠르게 성장하고 있습니다.

시장이 커짐에 따라 대기업을 비롯한 수많은 기업이 AI 시장에 진출하고 있으며, 진화된 기술 개발을 위해 다양한 분야의 전문가를 육성하는 것이 이제는 시대적 과제가 되었습니다.

그래서 최근에는 초등학교에서 코딩을 가르치고 대학교에서는 전공과 관계없이 프로그램 언어를 배우는 등 소프트웨어에 대한 관심이 무척 커졌습니다.

소프트웨어 개발자에게 가장 필요한 역량은 무엇보다 창의력이라고 할 수 있습니다.
즉 아이디어가 가장 중요한 것이죠. 모든 프로그램은 아이디어를 기반으로 개발되고 연구하는 과정이 이루어지기에 창의력만큼 중요한 요소도 없다고 볼 수 있습니다.

"저자는 일본유학 후 삼성전자 통신연구소에 입사하여 연구개발부문에 종사하였으며 이후 무선사업부와 네트워크사업부에서 현장실무를 경험하였습니다"

이 책은 AI와 소프트웨어에 대한 지식이 없는 독자도 쉽게 이해할 수 있는 내용과 함께 최신 기술과 트렌드에 대한 심층적인 분석을 제공합니다.
또 최근에는 인공지능 기술의 발전과 더불어 개발자의 역할과 역량도 크게 변화하고 있습니다.

AI가 개발자에게 미치는 영향, 그리고 개발자가 AI를 어떻게 활용해야 하는지를 프로그래머를 꿈꾸는 사람이라면 반드시 염두에 둬야 할 내용이 담겨 있습니다.

AI와 소프트웨어에 대한 깊은 이해를 바탕으로 새로운 아이디어를 창출하고자 하는 독자들에게 이 책을 권하고 싶습니다.

물론 기술적인 내용을 포함하고 있지만, 기술 지식이 부족한 독자들도 쉽게 이해할 수 있으며, AI와 소프트웨어에 대한 심층적인 이해를 통해 새로운 기술과 도전에 대비하는 데 필요한 지식과 역량을 함양할 수 있을 것입니다.

이 책을 통해 IT 산업에 일하는 사람들과 또 관심 있는 독자들이 미래를 따라가기보다는 선도할 수 있는 역량을 키울 수 있길 바랍니다.

신종균

CEO의 눈물과
소프트웨어 개발자의 비애

‖ 소프트웨어 중심의 세상과 CEO의 눈물 ‖

기업에서 인사(人事) 시즌이 되면 희비가 엇갈린다. 성과에 걸맞은 실력을 갖춘 사람이 승진하는 것은 당연하다. 그런데 단순히 어떤 프로젝트에 참여했다가 그 프로젝트가 성공한 것을 마치 자기가 한 것마냥 여기는 사람이 승진하는 경우가 있다. 또 눈부신 성과는 없지만, 그렇다고 막대한 손실을 초래할 만큼의 실패가 없는 사람이 승진하는 경우도 있다.

어려운 경쟁 속에서 용케도 살아남아 남보다 먼저 승진하면 대부분은 자신이 노력해서 얻은 결과라고만 생각한다. 이는 자신의 노력 이외에도 위에서 이끌어 주고 부하 직원이 밀어주는 운도 따랐기에 승진할 수 있었다는 점을 간과한 태도다.

일을 하다 보면 자신이 잘못 판단하여 원하는 결과를 얻지 못했음에도 자신의 과오를 동료나 부하 직원에게 돌리는 사람이 있다. 담당 임원이 잘못된 결과의 원인을 추궁하면 부하 직원이 잘못해서 그렇게 된 것이라 탓하며 발뺌한다.

고위층도 다르지 않다. 기업의 임원이 새로 바뀌거나 전혀 다른 분야에서 비전문가가 영입되어 오는 경우가 있다. 이때 간혹 경험이 풍부한 기존의 부장이 신규 임원에게 자기가 알고 있는 것이 핵심이라며 중요한 사항은 빼고 보고하기도 한다. 그러고는 새로 부임한 임원은 이 분야의 일을 잘 모르고 있다며 전문성을 가진 자신이 없어서는 안 된다고 소문을 퍼트린다.

기업의 치열한 경쟁 속에서 한 번쯤은 경험하고 공감 가는 일 중의 하나로 프로젝트의 책임자가 부하 직원의 공적을 마치 자신의 공적인 것처럼 부풀려 보고하는 일이 있다. '부하의 공로는 상사의 것이고, 상사의 실패는 부하의 책임'이라는 것이다.

실제로 어떤 이들은 자신이 노력한 공로를 상사가 가로채는 것이 싫어 회사를 그만두고 창업을 하기도 한다. 그렇게 창업을 해서 한 기업의 대표자가 되면 실패든 성공이든 모든 것은 자신이 책임을 져야 한다.

기업의 최정점에 있는 CEO의 책임은 무한대다. 자신이 지시한 내용을 담당 임원이 이해하지 못하고 잘못된 결과물을 가져왔어도 CEO의 책임이고, 지시한 대로 제대로 된 결과물을 가져왔지만, 그 결과가 나쁘게 나왔어도 최종 결재를 한 것은 CEO 자신이기 때문에 무한 책임자가 된다.

그래서 CEO는 이 모든 것을 감당할 줄 알아야 한다. '부하의 공로는 상사의 것이고, 상사의 실패는 부하의 책임'이 아니라 'CEO의 공로는 사원의 것이고, 사원의 실패는 CEO의 책임'인 것이다.

삼성전자는 지난 1995년에 휴대폰 화형식을 거행했다. 사장과 사원들이 지켜보는 가운데 15만 대나 되는 불량 휴대폰을 불태워 버렸다. 글로벌 경쟁에서 살아남으려고 밤새워 만든 휴대폰이 불타고 있는 것을 보며 사장과 사원들은 모두 눈물을 흘렸다. 하지만 이를 계기로 경쟁력 있는 제품과 품질로 휴대폰 시장을 석권하고 스마트폰의 글로벌 선두 기업으로 도약할 수 있었다.

2016년에는 출시된 지 불과 10여 일 만에 250만 대를 판매한 스마트폰 갤럭시노트7을 전량 회수하는 충격적인 일도 있었다. 리콜의 원인은 배터리의 발화 가능성 때문이라고 발표했다. 사장은 모든 문제의 책임이 자신에게 있다며 미디어와 대중 앞에 서서 기자 간담회를 가졌다.

사장은 그동안 쌓아 올린 브랜드 가치의 하락과 2.5조 원이라는 천문학적인 손실을 감당해야만 했다. 그런데 그것보다는 이 일로 인해 사원들의 의욕과 사기가 떨어질지도 모른다는 것이 가장 힘들고 뼈아픈 일이었을 것이다. 그만큼 CEO의 어깨는 무겁고 자신보다는 회사와 사원을 먼저 생각해야 하는 자리이다.

일본업체와 비즈니스를 하다 보면 기업의 CEO가 얼마나 어려운 자리인지 잘 알 수 있게 된다. 일본에서는 기업체의 사장들이 기자회견을 하면서 대중들에게 허리를 깊이 숙여 사죄하는 모습을 TV 화면을 통해 종종 볼 수 있다.

2013년에는 일본 이동통신사 KDDI 사장이 기자회견을 하며 대중 앞에 고개를 숙여 사죄하는 일이 있었다. 일본 내 일부 지역에서 LTE 서비스 장애로 약 180만 명에 달하는 고객이 피해를 보았던 일로 인해서다. 사죄와 더불어 사장은 LTE 통신장애가 발생한 원인과 대책을 발표하는 설명회도 개최했다. 장애 원인은 LTE 기지국 제어장치(MME: Mobility Management Entity, LTE 기지국의 연결관리와 각 기지국 범위 내에 있는 LTE 단말기의 이동관리를 제어하는 장치)의 소프트웨어 버그라고 했다.

통신장애가 발생하면 피해자에게 합당한 보상을 해야 하고 회사의 신용에 치명적일 수밖에 없다. KDDI 내부에서는 이 일을 계기로 기술본부장, 운용본부장 등 회사의 고위층에 있는 본부장들이 기지국 상태와 네트워크 상황을 실시간 모니터링하는 MOC(Mobile Operation Center)에서 24시간씩 1년 동안 순회 근무를 해야만 했다.

일본에서는 지진, 태풍과 같은 자연재해가 우리나라보다 많은 편인데, 이로 인한 장애에 어떻게 대응하느냐에 따라 고객의 신뢰도가 형성된다. 자연재해니까 어쩔 수 없었다고 이해해 주는 고객은 많지 않다. 그래서 얼마나 빨리 복구하여 불편함을 없애주느냐에 초점을 맞춰야 한다.

자연재해가 아닌 SW 문제나 운영상의 일반장애가 발생하면 문제는 더욱 심각해진다. 일본인들은 자연재해는 하늘의 뜻으로 생각하기에 누구를 크게 탓하지는 않는다. 하지만 인간의 잘못으로 인한 사고에는 쉽게 납득하지 않고 쉽게 잊지도 않는다.

일본어에 엎드려 땅에 머리를 대고 사죄한다고 하는 '도게자(土下座)'라는 말이 있다. 그렇다. 미디어 앞에서 사죄하는 CEO의 심정은 어떨까. 땅에 엎드려 머리를 조아리며 사죄하지는 않지만, 일본 사회에서 한 기업의 대표가 미디어와 기자 앞에서 허리를 깊숙이 숙이며 사죄할 때는 도게자보다 더 큰 치욕감과 수치를 느낄 것이다. 단순히 형식적으로 사과하는 것이 아니라, 깊이 반성하고 두 번 다시 이런 일이 일어나지 않도록 하겠다는 사회와의 약속이다.

사원들은 자신이 근무하는 기업의 대표가 대중 앞에서 사죄하는 모습을 보며 '나 때문에 대표가 여론의 뭇매를 맞는구나'라고 생각할 것이다. 이렇듯 일본에서는 사원들이 반성할 만큼 대표가 깊은 사죄를 한다.

IT 시대에는 하드웨어에서 소프트웨어 중심으로의 변화가 일어나면서 리콜은 흔히 소프트웨어 버그 때문에 일어났다. 대표적으로 2009년부터 2010년까지 발생한 급발진과 관련된 토요타의 리콜 사태가 있었다. 이때까지 있었던 자동차 관련 리콜 중 사상 최대규모로 전 세계에서 1,000만 대 이상이 리콜되었다. 매트와 가속페달 결함이 원인 중의 하나였는데, 전자제어장치의 소프트웨어 오류인 것으로 발표되었다. 그동안 쌓아 올린 토요타의 신용은 하루아침에 떨어졌고 기업은 치명적인 타격을 받았다.

테슬라는 2017년 이후 미국에서 판매된 일부 모델에서 1만 2,000대 규모의 차량을 리콜했는데, 이 역시 차량에 탑재된 소프트웨어의 결함으로 인한 문제로 전방 충돌 경고가 제대로 이루어지지 않았다고 한다. 긴급 제동장치가 갑자기 활성화되면서 주행 시 문제가 발생할 위험이 있다는 것이 리콜의 사유였다.

소비자는 토요타와 테슬라 자동차를 살 때 이런 사건을 떠올리게 되고, 결함에 대한 두려움이 크다면 당연히 구매를 망설이게 될 것이다. 그렇다면 리콜의 중심에 서 있는 CEO는 어떤 심정일까? 그들은 겉으로 보기에 강해 보이지만, 속으로는 눈물을 삼키며 피를 토하는 심정일 것이다.

소프트웨어는 눈에 보이지 않고 복잡한 구조로 서로 엉켜 있어서 그 안에서 돌아가는 독특한 세계를 이해하기란 쉽지 않다. 하지만 많은 경험과 시행착오로 얻어진 데이터를 바탕으로 소프트웨어 속의 세계를 일부 들여다볼 수는 있다. 소프트웨어 중심의 사회에서 기업의 리더가 어떤 사고의 틀(알고리즘)을 가지고 시작하느냐 하는 것이 주요 포인트 중의 하나라는 의미다.

‖ 프로그래머의 딜레마, 그리고 자존심 ‖

한국과 일본은 전통적으로 하드웨어가 강하다. 한때는 하드웨어 출신이 아니면 기업에서 리더가 될 수 없었다. 왜냐하면 개발 과정과 검증이 기구와 하드웨어 중심으로 이루어진 프로세스였기 때문이다.

하드웨어 체계에서 프로세스가 잘 갖춰져 있는 기업으로는 델 (Dell), 토요타 그리고 GE(General Electric Company)로 알려져 있다. 한국의 대기업을 포함하여 많은 글로벌 기업이 이들 프로세스를 벤치마킹하여 자신의 기업에 도입했다.

프로세스는 부문별로 도입해 단계별로 수행하게 되기에 CEO는 진행 상황이나 달성도를 수시로 점검하여 의사결정을 하게 된다. 구매는 구매의 프로세스가 있고 물류는 물류 프로세스, 생산은 생산 프로세스가 있듯이 제품의 개발에도 프로세스가 있다.

하드웨어 중심 사회에서 제품의 리콜은 소프트웨어의 문제보다 하드웨어의 문제에서 주로 발생했다. 그런데 현실에서는 하드웨어의 문제점을 소프트웨어로 처리하는 경우가 많았다. 설계된 부품(IC: Integrated Circuit)의 Output(출력) 레벨이 낮아 '0'으로 처리해야 하는지 '1'로 처리해야 하는지 불분명한 경우가 있다. 또한 하드웨어의 어떤 출력이 유난히 긴 패턴을 거쳐 다른 입력으로 들어갈 때 시차(Delay)가 생기는 경우도 있는데, 이럴 때 소프트웨어의 도움이 없으면 하드웨어를 다시 설계해야 한다. 이렇듯 불량의 원인이 하드웨어임에도 불구하고 소프트웨어가 처리하게 되면서, 상사는 개발 기간이 늘어나고 납기를 못 맞추는 원인이 소프트웨어 때문이라고 탓하면서 프로그래머에게 스트레스를 주었다.

지금은 소프트웨어 중심 사회가 되면서 소프트웨어 출신이 리더가 되고 CTO(Chief Technology Officer, 최고 기술 경영자)도 많이 배출되었다.

하지만 소프트웨어 중심의 사회에서도 여전히 많은 하드웨어 문제를 소프트웨어로 커버해야 할 때가 있다. 제품 출시 이후에 문제점이 발생하면 하드웨어는 제품을 회수하여 처리해야 하는 어려움 때문에, 실상은 하드웨어 문제임에도 불구하고 소프트웨어로 커버해야 하기 때문이다.

그나마 소프트웨어로 커버할 수 있는 것은 어쩔 수 없이 진행하겠지만, 소프트웨어로 처리하지 못하는 구조적인 하드웨어 설계 실수는 치명적이다. 소프트웨어로 커버가 되지 않을 때 문제는 심각해지고 리콜이라는 폭탄이 언제 터질지 모른다. 즉, 더 이상 그 제품을 사용할 수 없게 되는 상황이 되어 버린다.

기업의 입장에서는 하드웨어의 결함보다는 소프트웨어의 결함이 손실이 적기 때문에 가급적 소프트웨어의 버그 때문에 문제가 일어났다는 분석 결과가 나와야 한다.

소프트웨어로 수정하게 되면 원격으로 문제를 처리할 수 있어, 심한 경우 문제점이 발생할 때마다 소프트웨어를 수정하여 버전별로 릴리즈되는 경우를 보게 된다. 이로 인해 CEO에게는 모든 품질 문제가 소프트웨어에만 있는 것처럼 보이기 마련이다.

이것이 소프트웨어 개발자의 어려움이다. 소프트웨어 개발자는 자신이 작성한 코딩이 제품에 적용되어 수많은 유저가 사용한다는 자부심을 느낄 수 있다. 책상에 앉아 논리적이고 창의적인 업무를 하면서 경력을 쌓게 되고, 다른 업종들과 비교해도 안정적인 소득이 가능하다.

하지만 실상은 모든 문제의 원인은 소프트웨어로 인한 것이고 그 책임은 코딩을 담당한 개발자가 고스란히 떠안아야 한다. 이 때문에 개발자들은 제품에 문제라도 발생하면 상사와 주변의 의심스러운 눈빛을 받으며 살얼음판 위를 걷는 것 같은 나날을 지내게 된다.

소프트웨어 중심의 사회에서 더 큰 문제는 하드웨어로 인한 문제가 아니라 프로그래머가 작성한 코딩에 있다는 점이다. 당연한 이야기이지만 버그 없는 소프트웨어는 없다.

소프트웨어 언어를 배워 전문적인 프로그래머가 되어도 순탄한 길만 걸을 수는 없다. 프로그래머가 초기에 좌절하는 많은 이유 중의 하나는 업무 중 절반 이상이 자신의 코딩에 에러와 버그가 없는지 조사하는 일이라는 것을 처음부터 이해하지 못하기 때문이다. 실무에서 발생하는 버그는 그때그때의 환경과 상황에 따라 다르기에 교과서나 참고서를 통해 해결할 수 있는 것이 아니다. 때로는 아침부터 밤까지 몇 날 며칠 동안이나 고민하면서도 결과적으로는 아무것도 해결하지 못할 때도 많다.

그래서 개발 팀장이 소프트웨어 개발자에게 항상 물어보는 말이 있다. 개발자가 코딩이 끝났다고 보고하면 팀장은 본인이 작성한 코드에 더 이상의 버그가 없는지 추궁한다. 당연히 개발자는 버그가 없다고 답할 것이다. 하지만 노련한 팀장은 오히려 버그가 없다고 하는 개발자에게 의심의 시선을 주기 마련이다. 버그가 없는 것이 아니라 수렴하고 있기 때문이다.

그래서 숨어 있는 버그를 찾아내기 위해 검증을 반복하게 되는 것이다. 물론 검증을 반복하다 보면 버그가 줄어드는 것은 당연하다. 그렇다고 검증을 무한 반복할 시간은 없다. 경쟁사보다 먼저 제품을 출시해야 경쟁에서 이길 수 있고 시장을 선점할 수 있기 때문이다. 그런데 검증시간을 줄이고 출시하면 품질 문제로 더 큰 손실을 볼 수도 있다. 이 역시 소프트웨어 개발자의 딜레마 중 하나다.

기업에서 흔히 하는 말로 납기는 생명, 품질은 자존심이라는 말이 있다. 납기와 품질 중 어느 하나라도 양보할 수 있는 게 아니라는 말이다. 특히 우리나라는 자존심 때문에 목숨을 바치는 경우가 있다. 자존심을 잃느니 죽는 게 낫다며 극단적인 선택을 하는 것이다. 생명과 자존심은 어느 것이 먼저라고 할 수 없다. 자존심을 세울 것인가, 아니면 생명을 지킬 것인가 하는 문제에서 둘 중 하나를 자칫 잘못 선택하게 되면 CEO가 흘리는 눈물을 지켜봐야 할지도 모른다.

그만큼 납기와 품질을 동시에 맞추기 어렵기 때문에 소프트웨어 개발자는 편히 잘 수 있는 직업이 아니다. 이것이 소프트웨어 엔지니어가 안고 있는 운명이다. 앞으로 인공지능이 더욱 활성화되고 소프트웨어가 지배하는 사회에서 프로그래머는 기업과 공공기관 등 모든 조직에서 CEO와 리더로서의 사회적 책임을 가져야 한다.

목차

CHAPTER I

인공지능이 제공하는 세계

CHAPTER II

인공지능의 태동, 계산기계

CHAPTER III

소프트웨어 내부의 세계와 시대전환

인공지능이
제공하는 세계

1

인공지능 시대의 개막, ChatGPT 열풍

전 세계적으로 인공지능 ChatGPT가 선풍적인 인기를 누리고 있다. ChatGPT는 대중에게 공개된 후 1억 5,000만 명의 유저가 사용하고 있을 만큼 급격한 성장세를 보이고 있다.

ChatGPT는 일반인들에게 본격적으로 선보인 첫 AI라는 점에서 의미가 있다. 이것이 당장 우리의 삶에 어떤 변화와 영향을 미칠지는 미지수이지만, 많은 사람들의 관심이 쏠려 있고 다양한 분야와 관련 기술을 접목할 수 있을 것이라는 기대감도 있다.

인공지능 시대에 뒤떨어지지 않으려면 ChatGPT를 이해하고 적극적으로 활용해 보자.

‖ ChatGPT의 이해

 IT기술은 3차 산업의 원동력으로서 많은 역할을 해왔다. 특히 스마트폰은 IT기술의 집약이라고 해도 과언이 아니다. 스마트폰은 컴퓨터와 통신의 결합으로 언제 어디서나 인터넷 접속이 가능하고, 다양한 방법으로 정보 전달을 할 수 있어 우리 인간에게 없어서는 안 될 필수품이 되었다. 최근에는 음성통화보다 문자로 서로 안부를 묻고 정보를 교환하는 비중이 더 높아지면서 카카오톡과 같은 어플로 채팅(Chatting)하는 시간도 많아졌다.

 어플을 통해 인간과 인간들이 서로 수다를 떨면서 정보를 교환하는 채팅과 달리, Chatbot이라는 채팅로봇은 인공지능과 결합해 인간과 로봇(기계)이 대화를 하면서 필요한 정보를 찾아준다. 챗봇은 프로그램이 자연어 처리 기술을 이용해 대화를 진행하는 인공지능 기술로, 응용범위가 다양하다. 인공지능 스피커도 일종의 챗봇이며 호텔 예약을 할 때도 챗봇을 활용한다. 여행을 가기 위해 일정과 행선지를 대화하면서 알려주면 호텔 예약이나 교통 정보 등을 얻을 수 있다. 이 이외에도 보험회사는 물론, 콜센터나 마케팅 분야에도 챗봇이 응용된다.

 최근에는 ChatGPT(Generative Pre-trained Transformer)가 등장하면서 스스로 논리를 구성해 추론이나 의견을 제시해 주고 있다. ChatGPT는 검색 수단으로 정확한 정보를 제공하는 도구라기보다는 인간과

AI가 자연언어로 회화를 하는 프로그램에 가깝다. 종래의 프로그램은 인간이 만든 알고리즘으로 어떤 룰(규칙)과 매뉴얼대로 행동했다면, ChatGPT는 딥러닝을 통해 스스로 알고리즘을 짜서 행동하는 프로그램이라고 할 수 있다.

ChatGPT는 인공지능 언어 모델 중 하나로, Open AI에서 개발한 대화형 인공지능 기술이다. 대화에서 사용되는 문장을 이해하고, 그에 따라 자연스러운 답변을 해준다.

구글서치의 경우에는 키워드에 해당되는 정보를 전부 리스트해 준다. 사용자는 리스트 가운데에서 필요한 정보를 선택하도록 되어 있다. 반면에 ChatGPT는 사용자의 요청사항을 검토하여 서술형으로 설명해 준다.

ChatGPT를 이해하기 위해서는 컴퓨팅 연산 능력이 현재 어느 정도로 발전했는지 알아둘 필요가 있다.

기계 학습과 최적화 기술을 이용하여 인간이 하려고 하는 정보처리를 컴퓨터의 대규모 계산기로 대체하려는 접근을 계산 지능이라고 한다. 컴퓨터가 계산을 할 때, CPU(Central Processing Unit, 중앙 처리장치)가 중요한 역할을 담당하는데, 우리가 알고 있는 CPU는 컴퓨터의 모든 처리를 담당하는 핵심부품이다. 마우스, 키보드, 하드디스크, 메모리, 주변 장치 등으로부터 데이터를 수신하고 동작을 제어한다.

CPU에는 성능에 영향을 주는 '코어'라는 구성 요소가 있다. Core라는 이름에서 알 수 있듯, 컴퓨터 작동에 필요한 계산은 해당

코어에서 수행되며, 코어 수를 통해 컴퓨터의 성능을 평가한다. 컴퓨터와 스마트폰의 성능을 평가할 때도 코어의 수로 평가를 하는데, 듀얼 코어(코어 수: 2개), 쿼드 코어(코어 수: 4개), 옥타 코어(코어 수: 8개) 등의 표기가 있는 CPU 정보를 들어본 적이 있을 것이다.

한편 CPU의 발전과 더불어 화상처리 기술도 발전하면서 컴퓨터의 3D 그래픽 처리를 수행하는 데에 사용되는 전용 반도체칩인 GPU(Graphics Processing Units)라는 것이 있다. 2차원 화면에 깊이(Depth)를 부여해 3차원으로 보이게 하기 위해서 좌표 위치와 픽셀 데이터 계산이 필요한데, GPU가 이 계산을 수행한다. CPU에는 코어가 몇 개뿐이지만, GPU는 비디오 처리와 같은 병렬처리와 대량의 연산을 수행하기 위해 고속 컴퓨팅이 가능한 1,000여 개의 코어가 들어 있다.

GPU가 대량 연산 처리가 가능하다는 점을 들어 최근에는 CPU 대신 GPU를 탑재하고 연산 성능을 활용하는 GPU 서버가 등장했다. GPU 서버는 인공지능 분야, 특히 딥러닝에서 주목받고 있다. 딥러닝에서는 많은 양의 데이터를 기계로 읽으며, 기계는 데이터 자체에서 규칙성과 특성을 도출해 학습한다. 이를 위해서는 대량의 데이터를 더 깊이 파고 분석해야 하고, 엄청난 양의 컴퓨팅이 필요하다. 과거에는 컴퓨터가 처리능력이 부족했고, 딥러닝의 개념은 있었지만 성능이 따라주지 못해 활용에 제한적이었다. 하지만, GPU가 고성능으로 발전하면서 GPGPU라는 기술이 나오게 되었고, 이는 이미지 처리뿐만 아니라, CPU와 같은 범용처리도 수행할 수 있게 되었다.

이와 같이 영상처리 이외의 목적으로 이용되는 GPU를 GPGPU

(General-Purpose computing on Graphics Processing Units)라고 하며, 이를 사용하면 뉴럴 네트워크의 행렬을 간단히 계산할 수 있다.

참고로 엔비디아(NVIDIA)에서 개발한 Tensor Cores는 행렬 곱셈 프로세스를 처리한다. 엔비디아의 홈페이지에 들어가 보면 다음과 같은 정보를 얻을 수 있다.

> "AI를 핵심으로 삼은 V100 GPU는 CPU 서버보다 47배 향상된 추론 성능을 제공합니다. 처리량과 효율성이 이렇게 엄청나게 늘어난 덕택에 현실적으로 AI 서비스를 확장할 수 있게 되었습니다. 640개 Tensor 코어를 탑재한 V100은 세계 최초로 딥러닝 성능의 100테라플롭스(TFLOPS)란 장벽을 뛰어넘은 GPU입니다. 차세대 NVIDIA NVLink™는 최대 300GB/s로 여러 V100 GPU를 연결하여 세계에서 가장 강력한 컴퓨팅 서버를 구축합니다.
> 이전 시스템이라면 컴퓨팅 리소스를 몇 주 동안 소모했을 AI 모델을 이제는 며칠 안에 트레이닝할 수 있습니다. 트레이닝 시간이 이렇게 현저하게 줄어들었으니, AI는 이제 완전히 새로운 문제의 세계를 해결할 수 있을 것입니다"

컴퓨터의 처리속도를 나타내는 지표의 하나로 플롭스(Flops, Floating point Operations Per Second)라는 단위를 사용하는데, 1초당 가능한 부동소수점 연산 횟수로 표시한다. 이때 메가플롭스(MegaFlops)는 1초에 100만(10^6) 번을, 기가플롭스(GigaFlops)는 10억(10^9) 번을, 테라플롭스(TeraFlops)는 1초에 1조(10^{12}) 번을 연산할 수 있다. 640개 Tensor 코어를 탑재한 V100은 100테라플롭스(TeraFlops)라는 장벽을 뛰어넘은 GPU로, 그 성능이 얼마나 큰지 짐작할 수 있다. 최근에 나온 A100텐서 코어 GPU는 딥러닝 학습과 추론에서 V100 대비 연산 능력이 20배에 달한다. ChatGPT가 그럴듯한 추론을 할 수 있는 배경에는 이러한 컴퓨터의 발전이 있었다.

ChatGPT의 이름을 통해 그 특징을 구체적으로 알아보자. ChatGPT에서 Chat은 '대화형'이라는 의미다. 대화형에는 두 가지 의미가 있는데, 첫 번째는 결과물에 대한 입력을 대화형으로 자연스럽게 한다는 것이다. ChatGPT를 써보면 문답을 이어가면서 마치 인간과 대화하는 듯한 느낌을 받곤 하는데, 이것은 ChatGPT가 대화형 모델이기에 가능하다. 두 번째는 우리가 대화를 하려면 단기 기억을 해야 하는데, ChatGPT는 인간의 단기 기억을 모방하는 모델이다. 가령 '어제 오후에 서점에 가서 책을 샀어. 지금 나는 그것을 읽고 있어'라는 문장에서 '그것'이 가리키는 것이 책이라는 것을 ChatGPT는 알고 문장을 만들어 낸다. 인간의 경우 단기 기억의 기능을 상실하면 불러주는 전화번호나 긴 문장을 이해하지 못하고 대화기능도 잃어버린다.

ChatGPT의 G는 Generative로 '생성한다'의 의미를 가진다. 그림을 학습하면 그림을 그리고, 동영상을 학습하면 동영상을 제작할 수 있고, 글을 학습하면 글을 쓸 수 있다. ChatGPT는 '글'을 생성하는 모델이다.

P는 Pre-trained로 사전학습을 했다는 것인데, ChatGPT는 LLM(Large Language Model)이라는 거대언어 모델로 많은 문자와 문서를 학습했다. 사전학습에도 두 가지 의미가 있다. 거대언어를 학습했다는 의미가 있고, 특정 분야에 대해 모든 정보를 제공하지 않고 일부분만 줘도 학습한다는 것이다. 즉, 언어를 학습했을 뿐인데 몇 개의 데이터만 제공해도 마치 잘 알고 있는 것처럼 그럴듯한 답을 내놓는다는 의미다.

T는 Transformer로, 이는 일종의 딥러닝 모델인데, 다음 단어에 무엇이 올지 확률로 예측한다는 것이다. AI는 정확한 정답보다는 학습에 따라 '80~90%가 정답이다'라는 식의 확률을 토대로 결론을 도출한다. 방대한 양의 문서에서 학습했고, 이 단어 다음에 어떤 단어가 배치될 것이라는 것을 1초에 312조 번의 연산을 하는 컴퓨터가 있으니 이 같은 계산도 가능한 것이다. 그런데 ChatGPT는 Transformer와 더불어 어텐션(Attention) 메커니즘을 사용한다. Attention Mechanism은 무언가에 집중한다는 개념으로 입력 시퀀스 내의 각 단어들과의 관련성을 계산하고 특정 문장에서 핵심단어가 무엇인지 파악하여 기억하게 된다.

핵심단어를 기억하고 추론하게 되니 ChatGPT가 만들어 내는 문장은 상당히 그럴듯한 것이 되며, 이것이 ChatGPT가 마치 사람이 대화하듯 이야기를 이어갈 수 있는 이유이기도 하다.

그리고 ChatGPT는 RLHF(Reinforcement Learning from Human

Feedback)라고 해서 인간의 피드백으로 강화학습을 했다. 이것은 사람이 다양하게 작성한 문서로 ChatGPT에 먼저 학습을 시킨다. 그리고 그 학습 결과로 내놓은 답이 얼마나 정확한지 평가하여 이것을 근거로 사람이 다시 학습을 시키는 방식이다. 예전에 마이크로소프트사가 내놓은 SNS 인공지능 챗봇 '테이'가 인종차별적 단어를 쓰면서 논란이 된 적이 있는데, ChatGPT는 인간의 피드백으로 강화학습을 한 만큼, 그런 것을 꽤 피해 나갈 수 있다.

‖ ChatGPT의 활용과 한계

ChatGPT는 다양한 분야에서 훌륭한 결과를 내놓기 시작한다. 미네소타대학교 로스쿨 시험에서 에세이 합격 점수를 받았고, 와튼스쿨 MBA 최종시험에도 합격했다. 또 ChatGPT는 잠재된 패턴이 있는 곳에 널리 활용되고 있다. 프로그래밍, 법률사무직, 저널리즘, 광고나 마케팅, 주식거래, 그래픽 디자인 등의 분야에서는 이미 ChatGPT가 유능한 조력자로서 역할을 하고 있다고 한다.

이렇듯 Open AI단체가 만든 ChatGPT는 인간과 자연스러운 대화를 하면서 유용한 정보를 제공해 주지만, 아직도 인간과의 대화에서 한계가 있다. ChatGPT는 학습 데이터에 따라 결과가 크게 달라질 수 있기 때문에 잘못된 학습 데이터가 있을 경우, 그 결과도 잘못될 수 있는 것이다. 데이터의 정확도에 있어서는 아직 미지수라는 말이다. 이는 ChatGPT 스스로가 인정하고 있는 사실이기도 하다.

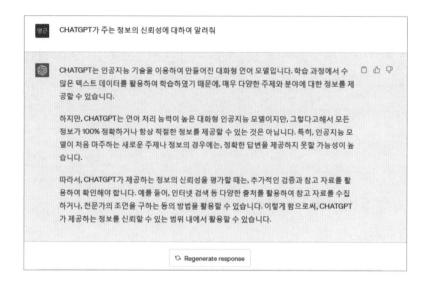

신뢰성이 좋아졌는지 확인하기 위해 1개월 뒤에 똑같은 질문을 하였더니 역시나 정보의 신뢰성에는 제한이 있다고 답하였다.

"ChatGPT가 주는 정보의 신뢰성에 대하여 설명해 줘"

"저는 Open AI에서 학습된 대규모 언어 모델인 ChatGPT입니다. 하지만 제가 제공하는 정보의 신뢰성은 제한되어 있습니다. 제가 제공하는 정보는 인터넷에 공개된 대규모 데이터를 기반으로 학습된 모델에서 생성된 것이므로, 그 정보의 출처나 정확성을 보장할 수는 없습니다.

또한, 제가 학습한 데이터에는 인간의 오류나 편견, 잘못된 정보 등이 포함될 수 있으며, 이러한 정보를 그대로 전달할 수 있습니다.

따라서, 제가 제공하는 정보는 참고용으로만 사용되어야 하며, 항상 다른 출처의 정보와 비교하고 확인해야 합니다.

또한, 중요한 결정이나 문제를 해결할 때는 제공되는 정보만으로 판단하거나 행동하지 않고, 전문가의 조언이나 신뢰할 수 있는 출처의 정보를 참고하는 것이 좋습니다"

사실 구글서치를 통해 필요한 정보를 얻고자 할 때 유저의 키워드에 따라 정확도가 달라진다. 키워드가 정확하지 않으면 원하는 정보를 얻기가 쉽지 않다. ChatGPT도 모든 것을 정확히 알려주는 AI는 아니다. 어떤 정확한 데이터로 학습된 것이 아니면 원하는 대답을 얻을 가능성이 적다. 물론 정확하게 학습된 것이라 해도 정답이 아닐 수도 있다.

또 ChatGPT에게 피할 수 없는 것이 바로 할루시네이션(Hallucination, 환각)이다. ChatGPT는 참과 거짓을 구별하지 않고 다음에 나올 말을 그럴듯하게 만들어 내는 것이기에 때때로 거짓말을 만들어 내는 경우도 생긴다. 예를 들어 ChatGPT에 '모차르트 첼로협주곡을 알려달라'고 했을 때 정말 모차르트 작품을 설명해 주는 데 왜곡된 부분이 있다. 실제 모차르트가 작곡한 첼로협주곡은 없고 바순과

첼로를 위한 소나타가 있다. 모차르트 협주곡 중 원래는 오보에를 위한 협주곡도 플루트 협주곡으로 변형해서 연주하기도 하고 호른 협주곡을 첼로가 연주한 경우는 있지만, 첼로만을 위해 작곡된 협주곡은 없다.

정답을 주는 기계가 아니라, 말을 가장 그럴듯하게 만들어 내는 기계이기 때문에 이러한 현상이 발생하는 것이다.

그래서 노엄 촘스키(Avram Noam Chomsky)는 ChatGPT가 방대한 양의 데이터에 접근해 규칙성, 문자열 등에 기반해 그럴듯하게 문장을 만들어 내는 첨단기술 표절 시스템이라고 말했을 정도다.

현재의 ChatGPT는 여러 분야에서 많은 사람들이 다양한 용도로 사용하고 있지만, ChatGPT가 모든 문제를 해결해 주고 원하는 정보를 제공할 것이라는 생각은 위험한 생각이다.

앞으로 자세히 설명하겠지만, 본인이 정보의 흑과 백을 구분하지 못하고 이들이 제공하는 정보를 일방적으로 받아들이면 어떤 일이 일어날지 확신할 수 없다. 인간이 AI라는 도구를 어떻게 사용하느냐에 따라 독이 될 수도 있고 득이 될 수 있다는 사실을 염두에 두어야 한다.

2

Giving Birth와
Create

초기 제조 공장의 제품은 인간이 조립하여 생산하다가 점차 공장의 자동화로 바뀌면서 기계에 의한 자동 생산이 이루어졌다. 공장의 자동화로 공장에서 일하는 근로자들은 공장에 출근하여 기계와 설비를 조작하는 업무를 하게 되었다. 인간이 자동 생산의 모든 과정을 관리, 감독하게 되면서 생산직 근로자가 줄어들었다. 지금은 공장의 자동화와 스마트화가 이루어지면서 기계, 설비를 원격지에서 조작하게 되어 출근 자체가 필요 없게 되었다. 이것은 근로자의 생활의 질을 높여주었다.

이와 같은 산업의 흐름은 기계화에 의한 대량 생산 체계에서 자동화로 이어져 왔고 센서와 IoT(Internet of Things, 사물인터넷)를 활용한 자율로봇 등으로 응용되어 왔다. 자율은 자동화와 달리 인간의 개입

없이 기계(로봇)가 스스로 알아서 일을 처리한다는 의미다. 하지만 자율로봇으로 인해 노동자가 필요 없게 되고 실업자가 생길 수 있다는 우려의 목소리도 있다.

지금은 4차 산업과 더불어 인공지능 시대라고도 한다. 4차 산업 혁명은 IoT와 빅데이터, 인공지능(AI)이라는 3개의 키워드로 설명할 수 있다.

IoT는 인체를 포함한 모든 사물에 센서를 부착하여 인터넷에 접속한다는 개념에서 출발했다. 예전에는 데이터를 만드는 것 자체가 쉽지 않았지만, 지금은 인터넷의 발달로 데이터가 넘쳐나고 있다. IoT로부터 발생하는 데이터는 물론 우리가 사용하는 SNS를 통해서도 다양한 데이터가 쏟아져 나오고 있다. 페이스북의 하루 데이터양은 500TB(Terabyte)를 넘어선 지 오래되었다. 또한 사무실에서 사용되는 정형 데이터와 SNS(Social Network Services)를 통해서 나오는 비정형 데이터로 정보가 정보를 만들어 낸다.

빅데이터는 인터넷의 보급과 IT기술의 진화에 따라 생겨났다. 정보 홍수(Information Overload)나 정보 폭발(Information Explosion)과 같은 현상에서 알 수 있듯 빅데이터는 데이터의 양(Volume), 빈도(Velocity), 다양성(Variety)의 특징으로 정의할 수 있다. 기존의 데이터 관리 및 분류 체계로는 감당할 수 없을 정도로 많은 양(Volume)과 실시간으로 변화하며 지속해서 생성하는 데이터의 빈도(Velocity), 그리고 정형 데이터와 비정형 데이터뿐만 아니라 IoT 데이터와 같이 종류의 다양성(Variety)의 특징이 있으며, 이는 좁은 의미의 빅데이터(협의의 빅데이터)로 볼 수 있다.

하지만 데이터는 그 자체만으로는 효용 가치가 그다지 크지 않다. 전철의 도착 시간을 정리한 운행 시간표는 단순한 정보에 불과하지만, 버스를 갈아타는 시간과 연계하여 활용하면 더 가치 있는 데이터가 된다. 이렇게 수집된 데이터를 저장하고 필요한 데이터를 추출하여 활용하도록 만들어 줘야 그 효용 가치가 올라간다. 그래서 빅데이터는 수집하고 저장하는 역할과 함께, 저장된 데이터를 분석해 타 분야와의 결합을 통한 새로운 가치를 창출하는 역할을 맡게 된다. 데이터를 수집, 처리, 저장하는 과정과 분석을 포함한 것을 넓은 의미의 빅데이터(광의의 빅데이터)라고 할 수 있다.

이러한 빅데이터는 인공지능의 시대를 앞당기게 하는 중요한 역할을 하게 되었다. 인공지능은 이미 오래전부터 연구, 진행되어 왔지만, 인터넷의 발달로 데이터가 풍부해지고, 이를 활용한 빅데이터 기술이 나오면서 인공지능 기술은 더욱 발전하는 계기가 되었다.

인공지능으로 인해 빅데이터는 엄청난 결과(Big Outcome)로 이어졌다. 딥러닝이 나오기 이전에는 데이터를 인간이 기계에 학습시키려고 했다. 즉, 전문가의 도움으로 학습하는 것이다. 하지만 빅데이터를 활용한 딥러닝 기술은 전문가의 도움 없이 스스로 데이터를 찾아 학습하는 방식이다.

인공지능은 응용에 따라 여러 분야에서 다양하게 활용될 수 있다. 활용 분야를 떠나 인공지능을 개발하다 보면 인공지능의 지능 수준이 높아져서 인간의 지능처럼 생각하게 된다. 이런 인공지능이 스스로 새로운 인공지능을 만들게 되면 궁극적으로 인간의 지능보다 우월해져서 결국 인간을 지배하게 될지도 모른다는 우려도 나오고 있다.

하지만 인공지능 시대에서 우리는 나무만 보고 숲을 보지 못하면 안 된다. 인간은 아이를 만드는 것(창조)이 아니라 아이를 낳아서 부모가 되고 아이들을 키운다. 'Create'와 'Giving Birth'는 모두 새로운 것을 만들어 내는 것이지만, 'Create'는 창작활동을 의미하며, 'Giving Birth'는 생명을 탄생시키는 행위를 의미한다. 이렇듯 낳아서 기르는 것과 만드는 것은 엄연히 다르다.

물론 인간은 새로운 것을 만드는 창조적인 힘을 가지고 있다. 전기 공학도는 라디오를 만들고 기계 공학도는 자동차를 발명해 사용해 왔다. 조각가는 돌을 이용해 동물의 상을 조각하기도 하고, 인간의 모양으로 조각해 인간의 형태를 만들기도 한다. 인간과 똑같은 조각상을 만들 수도 있겠지만 그것은 조각상일 뿐이지 인간은 아니다.

인공지능을 만드는 것도 인간과 똑같은 수준으로 만들려는 창조적인 일이기는 하지만, 근본적으로 인간의 지능과는 다르다. 인간은 인간으로 태어나 커가면서 오랜 기간 학습을 통해 지능을 쌓아가는 존재로, 인공지능처럼 인위적으로 만든 창조물과는 다른 개념이다. 또 인간은 인공지능과 다르게 어떤 중대한 결정을 할 때 논리적인 사고와 경험에 의한 감을 가지고 판단한다. 지금까지의 인공지능은 대량의 데이터를 이용해 학습한 결과를 확률적으로 판단하기 때문에 인간의 지능과는 다른 판단을 할 수도 있는 것이다.

3

인간을 대신하는
도구로서의 인공지능

‖ 인공지능 개발의 목적

인공지능 개발의 최종적인 목표는 인간처럼 지능을 가지고 인간이 해결하기 어려운 문제들을 해결하도록 하는 컴퓨터 프로그램을 만드는 일이다.

인간과 똑같은 지능을 가지고 생각하면서 궁극적으로는 인공지능의 지능 수준이 인간의 지능보다 높아져서, 그 결과 인공지능이 새로운 인공지능을 만들어 인간을 지배한다는 생각과는 다르다.

결국 인공지능 개발의 목적은 컴퓨터로 사람을 만드는 일이 아니라, 인간의 생활에 편리한 도구를 만드는 일이라는 것이다. 산업혁명을 통해서 사람이 하던 일을 기계가 대신해 왔듯이, 인공지능 또한 인간이 하던 많은 일 중 지적이고 인간이 해결하기 어려운 많은 일을 대신해 해결해 줄 것이다. 따라서 인간 레벨의 지능을 만드는 데 많은 개발비를 투입하는 것은 쓸데없는 일이다.

‖ 인공지능의 이해

인간은 하고 싶은 일을 자력으로 할 수 없을 때 기계와 도구의 힘을 빌려서 사용해 왔고 여러 기계를 발명해 왔다. 예전부터 인간의 기본적인 생각은 기계를 사용하여 능력을 확대하고 새로운 능력을 만드는 데 있었다. 이와 더불어 단순한 도구가 아닌 인간과 똑같은 지능을 지닌 기계를 만들려고 노력해 왔다. 결국 인간을 대신해 어려운 계산을 해주고 인간이 기억하기 어려운 많은 양의 데이터를 기억해 두었다가 언제든지 검색해 사용할 수 있는 컴퓨터를 만들게 되었다. 인간은 기계와 컴퓨터를 만들면서 문명의 이기를 이용해 왔는데, 이러한 생각은 앞으로도 계속될 것이다.

컴퓨터는 무엇이든 할 수 있는 만능기계에 가깝지만, 이러한 컴퓨터가 지능을 가졌다고 할 수는 없다. 인간이 작성한 프로그램에 의해 동작을 할 뿐, 어떤 일을 스스로 알아서 하지 못하기 때문이다.

이런 이유로 과학자들은 인간 뇌의 메커니즘을 컴퓨터에 응용하면 인간과 유사한 뇌를 만들 수 있을 것이라는 생각을 갖게 되었다. 인간이 가지고 있는 지능을 자연지능이라 하면, 자연지능을 모방한 것은 인공지능이다. 이러한 인공지능에는 특화형 인공지능과 범용형 인공지능이 있다.

특화형 인공지능은 어떤 한 분야에만 뛰어난 인공지능을 말한다. 특화형 인공지능을 설계할 때는 어떤 목적에 달성할 수 있도록 인간이 인공지능에 학습시킬 필요가 있다. 현재 실용화되어 있는 AI는 모두 특화형 AI이다. 대표적인 특화형 인공지능으로는 바둑을 잘 두는 인공지능(알파고)이 있고 퀴즈를 잘 푸는 인공지능(Watson)이 있다. 이처럼 특화형 인공지능은 그 분야에서는 인간의 지능을 뛰어넘는 경우도 있다.

사실 어떤 일을 잘한다는 것은 쉬운 일이 아니다. CEO와 임원이 함께 골프를 치면 듣는 소리가 있다. 그럴 리는 없겠지만 임원이 CEO보다 골프를 잘 치면 "일할 때도 골프처럼 해봐라"라고 CEO로부터 쓴소리 듣게 된다. 그렇다고 골프를 못 친다고 해도 좋은 소리를 들을 수 있는 것은 아니다. CEO는 "일도 못 하면서 골프도 못 친다"라며 핀잔을 준다. CEO와 임원은 일방적인 관계다. 이래저래 CEO의 눈에 임원은 골프도 못 치고 일도 못 하는 사람이 된다.

잘한다는 것은 상대적이라고 할 수 있다. 누군가와 비교해 지금은 잘한다고 하지만 더 잘하는 사람이 반드시 있게 마련이다. 인공지능을 비유할 때도 프로기사보다 잘한다거나 퀴즈왕을 이겼다는 표현을 한다. 하지만 바둑을 잘 두는 인공지능은 그림을 그릴 수 없고 운전을 잘하는 인공지능은 회계를 잘하지 못한다.

이에 비해 범용형 AI는 인간처럼 멀티태스크가 가능하고 스스로 생각하면서 행동하는 AI이다. 이러한 범용형 AI가 실용화되려면 앞으로 오랜 시간과 연구가 필요하다.

최근에는 인공지능이라는 단어가 일상생활 속에 스며들었다. 인공지능은 매스컴의 뉴스거리로 자주 접할 수 있다. 또 기업이 광고 문구에 인공지능을 사용함으로써 소비자들은 인공지능을 사용한 제품이 모든 것을 스스로 알아서 해준다고 착각할 수도 있다. 물론 기업들은 그 시대에 맞는 기술이나 유행어에 따라, 사용하는 광고 문구를 달리한다는 측면도 있다.

한때 퍼지(Fuzzy)라는 용어가 유행했었다. Fuzzy는 명확하지 않고 애매모호하다고 할 때 사용된다. 분명하지 않지만, 감각적으로 대충 찍어 맞춰도 잘 맞아떨어지는 한국식 사고방식과 어울린다고 해서 많은 사람이 관심을 가졌던 이론이다.

컴퓨터 이론은 0과 1이라는 Yes와 No가 분명한 영역이다. 하지만 흑과 백이라는 분명한 색상 가운데도 다양한 명도의 색상이 있듯이 색을 표현하는 종류는 다양하다. Fuzzy 이론은 Yes와 No가 분명하다기보다는 모든 요인을 총체적으로 보고 복합적으로 판단한다는 이론이다. 0과 1 사이에 0.2도 있고 0.3 … 0.9도 있어서 모호한 상태를 수식화해 판단하는 퍼지 알고리즘은 기존 컴퓨터의 0과 1이라는 이진 논리(Binary Logic)의 한계를 극복할 수 있다.

가령 사무실의 온도가 23도 이하면 에어컨을 끄고 23도 이상이면 에어컨을 동작시키는 기존 에어컨 시스템을 On, Off하지 않아도 온도와 습도별로 바람의 세기를 조절할 수 있기에 ○○ 퍼지 에어컨과 같은 광고 문구를 사용하기도 했다.

허황된 광고는 아닐지 몰라도 그 시대에 따라 소비자들에게 기술적으로 모든 것을 다해줄 것이라는 착각에 빠질 수도 있게 만든 광고도 있다.

예전에는 첨단기술을 앞세워 광고를 하였지만 지금은 기술에 감성을 자극하여 소비자들을 유혹한다

인공지능은 컴퓨터와 더불어 이미 오래전부터 연구되었던 분야 중 하나다. 현재 인공지능에 유난히 관심을 두게 된 것은 IT의 발달과 더불어 AI의 학습에 필요한 빅데이터 기술이 등장했기 때문이다. 빅데이터 덕분에 심층 학습(딥러닝)을 더욱 심화시킬 수 있게 되면서 인공지능은 새로운 국면을 맞게 된 것이다.

인공지능에 관해 이해하기 위해서 기계 학습과 심층 학습을 알아두어야 한다. 기계 학습은 학습하는 컴퓨터로서 데이터를 반복 학습하면서 법칙(룰)을 추출한다. 추출된 법칙으로부터 인공지능이 스스로 올바른 예측을 하게 되는 것이다. 기계 학습은 반복 학습할수록 예측의 성능이 향상되기에 학습용 데이터인 빅데이터 기술이 필수적이다. 즉 기계 학습의 포인트는 데이터만 충분하면 인간이 알고리즘을 구축하지 않아도 인공지능 기계가 스스로 예측한다는 점이다.

심층 학습은 인간의 뇌신경 회로를 모델화하여 딥러닝 뉴럴 네트워크라고 하는 알고리즘이 있어 인간처럼 생각하고 예측하는 일이 가능하다. 우리가 생각하는 인공지능은 기계 학습과 딥러닝을 포함하고 있는 포괄적인 분야이다.

기계 학습의 한 분야에 속하는 딥러닝은 ANN(Artificial Neural Network)이라는 인간의 신경망 구조와 원리를 모방하여 만든 알고리즘을 기초로 하고 있다. 뉴럴 네트워크는 ANN에서 은닉층(Hidden Layer)을 단순화해 만든 모델이고, ANN에서 은닉층의 레이어(Hidden Layer)를 2개 이상 여러 개 만들어 학습의 결과를 향상하는 방법이 DNN(Deep Neural Network)이다.

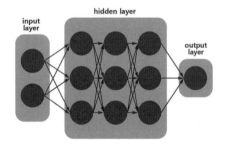

DNN은 입력값을 받아 각 은닉층에서 일정한 방향으로 진행하면서 가중치를 적용하여 그 결괏값을 출력하는 일방적인 통로로 구성되어 있다.

하지만 인간의 신경망은 그렇게 단순하지만은 않다. 인간의 신경망은 시냅스(Synapse)라고 하는 노드가 세포체 간에 연결되어 정보를 전달하지만, 은닉층이 그림처럼 차례대로 정렬되어 동작하지 않는다. DNN처럼 반드시 옆에 있는 세포(레이어)로 전달되고 그다음 세포로 전달되듯이 일정한 방향으로 전달되는 것은 아니다. 때로는 멀리 있는 세포를 경유하여 옆에 있는 세포로 다시 올 수 있고 아주 복잡한 경로를 거쳐 출력층에 도달하게 된다. 또한 입력층과 출력층도 잘 정리되어 있는 것이 아니라 어딘가에 있는 세포들 사이에 위치하여 복잡한 네트워크를 형성하게 된다.

인공지능의 용어로 자주 등장하는 CNN(합성곱 신경망: Convolution Neural Network)과 RNN(순환 신경망: Recurrent Neural Network)은 DNN을 응용한 알고리즘이다.

이러한 기계 학습과 심층 학습에 입문하려면 행렬, Tensor와 같은 수학적인 지식과 확률 통계학에 대한 이해가 필요하다. 또한 뇌신경과학, 인지심리학, 지능과 학습의 메커니즘, 프로그래밍 등 폭넓은 분야의 지식이 필요하다.

여기에서는 전문적인 지식을 논하는 것보다 인간을 대신하는 도구를 응용하고 활용해 어려운 환경이나 문제를 풀어나가는 데에 관심을 두고 인공지능에 대해 조금 더 알아보자.

4

인공지능과 인간의
새로운 관계

　회사에서 업무량이 늘어나고 일이 바빠지면 신규로 인력을 채용하게 된다. 신규 인력은 익숙지 않은 업무를 배우고 경험하면서 자신의 능력을 키운다. 인간은 대부분 경험이 쌓이면서 지식과 능력도 향상되지만, 경험이 많다고 해서 지식과 능력이 무한정 생기는 것은 아니다. 회사에서 신입으로 입사하여 초기에는 실무를 배우고 경험하는 단계가 있고, 이 단계를 넘으면 뛰어난 능력을 발휘하게 된다. 하지만 일정한 단계에 이르면 경험이 많이 쌓여도 초기만큼 크게 능력을 발휘하지 못하는 경우가 대부분이고, 시간 대비 천천히 능력이 쌓이게 된다.

　이는 학습의 S자 곡선에서도 확인할 수 있다.

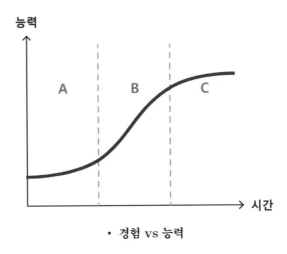

• 경험 vs 능력

학습의 초기 단계(A 단계)는 어디서부터 어떻게 해야 할지 모르기 때문에 학습 진도가 느리다. 2단계(B 단계)는 차츰 요령이 생기면서 경험에 따른 학습 진도가 빠르게 진행된다. 하지만 능력 향상은 한계가 있기에 경험이 쌓여도 일정 수준 이상 뛰어넘지 못하고 침체 단계(C 단계)에 들어서게 된다.

침체 단계(C 단계)에서 인간은 자신의 능력을 보충하기 위해 AI라는 도구를 사용할 수 있는데, 인간과 AI 사이에 새로운 관계가 생긴다. 앞으로는 인공지능과 인간과의 관계도 인간과 인간 사이의 관계만큼 중요해진다.

어떤 일을 할 때 생각이 다른 둘이 협력하는 것은 아주 효과적일 수 있다. 하지만 그 이전에 상호 협력할 준비가 되어 있어야 한다.

생각이 서로 다르기에 토론과 합의를 거쳐 최선의 방법을 찾아낼 수 있지만, 의견이 서로 달라 자기주장만 하게 되면 불신이 생기고 프로젝트는 결국 시작도 하기 전에 삐걱거리게 된다. 사공이 많으면 배가 산으로 간다는 속담과 다를 바 없다.

하물며 인간과 AI는 사고방식이 완전히 다르다. 인간과 AI는 서로를 이해하고 상호 친숙해져서 협력하려는 노력이 필요하다. 정말 좋은 친구는 형제보다 낫다고 한다. 어려울 때 진정한 친구는 곁에서 진심으로 위로해 주고 즐거울 때는 함께 기뻐해 준다. 그리고 친구와 함께 여행을 하면 낯선 곳이어도 두려움이 사라진다.

친구를 사귀는 방법은 다양하다. 아이들은 금세 친구를 사귀지만, 어른이 되어 나이가 들수록 새로운 친구를 사귀기는 어렵다. 어른들은 전공과 경험에 따라 공유할 수 있는 정보가 한정되어 있어서 새로운 친구 관계가 쉽지 않은 것이다. 또한 경제력의 차이나 사회적인 지위에 따라 서로간에 이해타산을 계산하게 된다. 경제력 차이를 극복한다 해도 학력과 인맥도 필요하고, 어떤 경험을 했느냐 하는 것도 친구를 사귀는 데 필요할 수 있다.

인공지능과 인간과의 관계를 형성하기 위해서는 학습의 S자 곡선과 같이 몇 가지 단계가 필요하다. 인공지능과의 관계 형성이라는 설명에 앞서 인간 세계에서 '관계'라는 것의 의미를 짚고 넘어가자.

관계란 무엇일까? 『어린왕자』(생텍쥐페리 지음)에서는 관계를 잘 설명하고 있는데, 일단 관계를 맺으려면 길들여져야 한다고 말하고 있다.

여우가 나타나자 같이 놀자고 어린왕자가 제안했을 때 여우는 자기가 길들여지지 않았기 때문에 같아 놀 수 없다고 했다. 어린왕자는 친구를 찾고 있는데 길들인다는 게 무슨 뜻인지 여우에게 되물었다. 이 부분을 인용하면 다음과 같다. (『어린왕자』, 황현산 옮김, 열린책들)

"그건 모두들 너무나 잊고 있는 것이지. 여우가 말했다.

그건 관계를 맺는다는 뜻이야.

관계를 맺는다고?

물론이지, 여우가 말했다.

너는 아직 내게 세상에 흔한 여러 아이들과 다를 게 없는 한 아이에 지나지 않아.

그래서 나는 네가 필요 없어. 너도 역시 내가 필요 없지.

나도 세상에 흔한 여러 아이들과 전혀 다를 게 없는 여우에 지나지 않는 거야.

그러나 네가 나를 길들인다면 우리는 서로 필요하게 되지.

너는 나한테 이 세상에 하나밖에 없는 것이 될 거야.

나는 너한테 이 세상에 하나밖에 없는 것이 될 거고…

제발 나를 길들여줘! 여우가 말했다.

그러고 싶은데, 어린왕자가 대답했다.

시간이 없어. 나는 친구들을 찾아야 하고 알아야 할 것도 많고…

자기가 길들인 것밖에는 알 수 없는 거야. 여우가 말했다.

사람들은 이제 어느 것도 알 시간이 없어.

그들은 미리 만들어진 것을 모두 상점에서 사지. 그러나 친구를 파는 상인은 없어.

그래서 사람들은 친구가 없는 거지.

네가 친구를 갖고 싶다면 나를 길들여줘!

어떻게 해야 하는데? 어린왕자가 말했다.

처음에는 나한테서 조금 떨어져서 바로 그렇게 풀밭에 앉아 있어.

나는 곁눈질로 너를 볼 텐데, 너는 말을 하지마. 말은 오해의 근원이야.

그러나 하루하루 조금씩 가까이 앉아도 돼.

이튿날 어린왕자가 다시 왔다.

같은 시간에 왔으면 더 좋았을걸. 여우가 말했다.

가령 오후 4시에 네가 온다면 나는 3시부터 행복해 지기 시작할 거야. 시간이 갈수록 난 더 행복해질 거야. 4시가 되면 벌써 나는 안달이 나서 안절부절못하게 될 거야.

난 행복의 대가가 무엇인지 알게 될 거야! 그러나 네가 아무 때나 온다면 몇 시에 마음을 준비해야 할지 알 수 없을 거야… 의례가 필요해.

의례가 뭐야? 어린왕자가 말했다.

그것도 모두들 너무 잊고 있는 것이지. 여우가 말했다.

그건 어떤 날을 다른 날과 다르게, 어떤 시간을 다른 시간과 다르게 만드는 거야"

이렇게 해서 어린왕자는 여우를 길들이게 된다. 인공지능을 길들이기는 쉽지 않겠지만, 몇 가지 단계를 거치면 그와의 관계도 맺을 수 있을 것이다. 처음에는 인공지능을 잘 모르기 때문에 서먹서먹하고 거부 반응이 일어날 수도 있다. 인공지능과 익숙해지기 전에 인간은 많이 고민할 것이다. 인간은 인공지능으로부터 얼마나 많은 도움을 받을 수 있을지 의심하고 인간만이 가지고 있는 비밀스러운 것이 노출될까 불안하며, 공개되지 않은 비밀을 인공지능이 알게 되면 오히려 불리하지 않을까 염려하기도 한다. 또한 인공지능이 인간의 한계를 넘어 공격하게 될지도 모른다는 막연한 두려움도 갖게 된다.

이러한 제반 사항들을 극복하고 인공지능을 이해하는 데 시간이 필요하다(a 단계). 인간은 도구와 기계를 발명하고 사용하면서 발달해 왔다. 인간이 인공지능을 도구로 활용할 수 있는 방안을 찾아내면서 관계가 가까워지고 친밀도가 급격히 상승하게 된다(b 단계).

인간은 인공지능과의 관계를 더욱 공고히 하기 위해 여러 가지 방법으로 다가갈 수 있다. 이 단계에서는 미지의 인공지능에 흥미를 갖게 되고, 신비한 면을 보면서 빠르게 친숙해질 수 있게 된다. 인간은 잃는 것보다 얻는 것이 많다고 생각되면 인공지능을 이용하게 되고 심지어 인간의 분신이라고도 생각할 수 있게 된다.

하지만 이 단계를 넘어 인공지능이 인간을 이해하고 인간을 대신하려고 할 때, 인공지능의 능력은 한계를 느끼고 친밀도의 속도도 침체 단계에 이르게 된다(c 단계).

인간은 자신이 오랫동안 해오던 일을 다른 사람이 대신하려고 하면 불안을 느낀다. 업무량이 많아 신입사원을 채용하면 처음에는 상하관계가 뚜렷하지만, 신입사원이 업무에 익숙해지면 자기주장을 하게 되고 능력을 발휘하게 된다. 이런 단계에 다다르면 선배 사원들은 신입사원을 경계하기 시작하고, 심지어 자신의 업무를 빼앗기게 될까 봐 불안해진다. 교회에서는 담임목사보다 설교를 잘하는 부목사가 있으면 안 되고, 기업에서는 나보다 똑똑한 부하 사원이 있으면 안 된다는 이야기도 있다.

산업혁명으로 인해 많은 것이 바뀌고 생활의 편리함을 가져왔지만, 그 과정에서 노동자는 자신의 일을 기계가 빼앗아 간다고 생각했고 사무직은 컴퓨터로 인해 일자리가 줄어들게 될 것이라며 불안해했었다. 그만큼 인간을 대신하려고 할 때 그것이 기계나 인공지능이라 할지라도 거부 반응이 생기게 마련이다. 하지만 길들인 것에 책임이 있듯이, 인간은 자신들이 길들인 인공지능에 대해 책임을 져야 한다.

이러한 인간과 인공지능의 관계를 시간과 친밀도를 가지고 그래프로 그려보면 학습 곡선과 유사하게 S자 곡선을 가진 것을 알 수 있다.

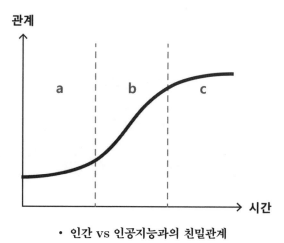

• 인간 vs 인공지능과의 친밀관계

5

인공지능을 바라보는
프로그래머의 시각

‖ 이문화(異文化) 비즈니스

삼각관계는 드라마에서 빠질 수 없는 요소 중 하나로 세 남녀 간의 미묘한 연애 관계를 보여준다. 때로는 갈등을 해결하기 위해 폭력을 사용하기도 하고, 한쪽이 짝사랑하는 삼각관계나 양다리 전략을 쓰는 관계를 전개하면서 흥미진진한 스토리를 만들어 간다.

비즈니스에 있어서 가장 큰 장벽은 문화적인 차이와 언어이다. 언어의 장벽은 인공지능을 이용해 비즈니스의 갈등을 해결하는 데 이용할 수 있다. 언어 장벽을 해결해 주는 AI는 이질적인 문화와 언어를 해결해 주는 역할을 할 수 있으며 이때 이들은 삼각관계를 형성하게 된다.

AI는 이질적인 인간 사이에 끼어들어 도움을 줄 수 있다. 하지만 삼각관계 자체가 갈등을 유발하고 해피엔딩으로 끝나기 어려운 것처럼 AI가 끼어든 삼각관계를 해결하는 것도 만만치 않은 과제다.

일상생활은 물론, 특히 비즈니스에 있어서 외국어의 필요성은 누구나 공감한다. 글로벌 시대가 되면서 영어로 소통하는 것이 일상화되고 있기에 영어를 잘하기 위해 퇴근 후 학원에서 별도의 시간을 내어 공부하기도 한다. 부모들은 자녀의 미래를 위해 초등학교에 입학하기 전에 영어를 가르치기도 하고, 조기 유학을 보내 영어를 습득하게 하기도 한다.

앞으로 인공지능의 수준이 높아지게 되면 인공지능이 원어민 수준으로 번역과 통역을 해줄 것을 기대하고 있다. 이렇게 된다면 일부러 학원에 가지 않아도 되고, 아이들을 조기 유학 보내지 않아도 될 것이라는 희망을 품게 된다. 이러한 삼각관계에서 AI 역할은 어려워 보이지 않는다. AI가 언젠가 원어민과 같은 수준의 번역과 통역을 해줄 것임이 틀림없기 때문이다.

하지만 기계적인 정확한 번역과 통역 이외에도 그 나라의 문화를 이해하지 않으면 소통에 지장을 받을 수 있다. 영어에 능통하다고 해서 비즈니스의 협상 능력이 뛰어나다고 할 수 없듯이, 그 나라의 역사와 문화를 이해하지 않으면 상대방의 정확한 의도를 알아내기 어려울 때가 있다.

유학 가서 영어를 익히고 학위를 받아 활동하다가 국내 기업에

스카우트되어 영어권이 아닌 일본 업무를 병행하다 보면, 소통과는 별개로 문화적인 차이로 인해 어려워하는 경우를 보게 된다. 영어권 국가와 일본의 문화 차이에서 오는 갭(Gap)을 영어로 소통하기에 쉬운 일이 아니라는 것이다.

이론상으로는 삼각관계에서 AI의 역할이 그다지 어려움 없이 잘 될 것 같지만, 실상은 몹시 어려운 문제에 부딪히게 된다. AI는 역사와 문화를 이해하고 동시에 통역과 번역을 해주는 기능이 요구된다. AI가 유창한 통, 번역의 단계에서 인간 사회의 문화와 환경을 이해하는 단계로 뛰어넘어야 하는 과제가 남아 있다.

AI가 이러한 문제를 해결하기 전까지, 인간은 지금처럼 타문화와 언어를 이해하고 소통하기 위해 더 큰 노력을 해야 할 것이다. AI가 인간이 원하는 만큼 문화를 이해하고 인간을 대신해 비즈니스에 임하도록 하는 것도 프로그래머가 해결해야 하는 일이다.

‖ 동기부여와 자극

술집에서는 다양한 형태의 사람들을 만날 수 있다. 배낭여행을 떠나 낯선 곳이라 할지라도 사람들과 쉽게 대화할 수 있는 곳이 술집이다. 특히 일본인들은 술집이나 바에서 혼자서 술을 마시는 사람들이 많다. 홀로 카운터에 앉아 바텐더와 대화하며 술을 마시는 사람도 있고, 조용히 음악감상을 하면서 술을 마시는 사람도 있다.

상술에 능한 일본 술집의 마담들은 혼자 오는 손님들의 대화 상대가 되어주고, 그들의 만족감을 높여 또다시 찾아오게 한다. 마담들은 자연스레 다양한 사람들과 친해지게 되고 인맥을 갖게 된다. 자신의 인맥을 활용할 기회를 찾게 되면서 어떤 마담은 단골손님들을 1년에 한 번 초청해 차량과 숙식은 물론, 음료와 제반 부대비용을 자비로 충당하면서 무료 관광을 시켜준다. 자리 배석에도 서로 필요한 인맥을 만들어 주는 배려를 한다.

무료 관광을 통해 단골손님들은 그날 하루는 마음껏 즐기며, 무엇보다도 비즈니스에 필요한 인맥 관리를 할 수 있는 기회를 가질수 있다. 그래서 이 술집의 자리는 항상 손님들로 가득하다. 마담은 무료 관광으로 인해 제반 비용이 들기는 하지만, 고객을 꾸준히 유지하고 새로운 고객을 확보할 기회를 만들게 된다. 고객 입장에서는 앞으로도 서로 필요한 인맥을 통해 개인적인 고충이나 비즈니스적인 도움을 주고받을 수 있는 동기부여가 되는 것이다.

동기부여는 어떤 조직이든 꼭 필요하다. 가령 기업체에서 A 프로젝트를 시일 내에 성공시키려면 인력과 비용이 필요하다. A 프로젝트 팀장은 주어진 인력과 시간, 비용으로 반드시 성공시켜야 한다. 하지만 현재의 인력과 비용으로는 정해진 시간 내에 완료하기 어렵다고 판단해 인력과 비용을 지원해 주든지 시간을 더 달라고 요청하게 된다. CEO는 B 팀장에게 지시할 테니 부족한 인력은 B 팀을 이용하라고 지시한다. 하지만 B 팀장은 A 팀장이 원하는 대로 움직여 주지 않는다. B 팀장은 도와주고 싶지만, 자신의 업무가 더 중요하기 때문에 적극적으로 나서지 않을 것이다.

이러한 일은 기업체 내에서 다반사로 일어나는 일이다. 결국 A 팀장은 프로젝트 팀 내의 누군가에게 두 가지 업무를 지시해야 한다. 유능한 고참을 불러 이번 프로젝트에 또 다른 전문 분야가 필요하니 이 기회에 새로운 분야를 개척하고 전문성을 넓히라고 권고한다. 동시에 승진에 필요한 고과를 잘 받아야 하니 성공하면 승진의 기회가 생길 것이라고 협박 아닌 협박을 통해 어쩔 수 없이 그 업무를 하도록 자극을 준다. 이렇게 A 팀장은 부하 사원을 독려하고 동기부여와 자극을 통해 힘들게 프로젝트를 마무리할 수도 있지만, 때로는 과다한 업무를 감당치 못해 프로젝트를 완수하지 못할 수도 있다.

기업의 CEO와 이 같은 문제를 상의하고 지원받으려고 할 때 대부분은 도움이 되지 않는 것이 현실이다. 인력이 부족하다고 불평하면 CEO는 A 팀장이 못하면 지금 업무가 없는 C 팀장에게 업무를 맡기겠다고 협박한다. 협박에도 불구하고 A 팀장이 계속 불평하면서 여러 이유로 못하겠다고 하면, CEO는 C 팀장으로 바꿔서 프로젝트를 성공적으로 끝내려고 할 것이다. 결국 CEO는 C 팀장을 불러 지난번 어려운 프로젝트를 성공적으로 마무리했으니 A 프로젝트를 맡아 성공시키라면서 C 팀장이라면 이번에도 잘할 수 있을 거라고 자극과 동기부여를 주게 된다.

A 팀장은 아쉬움이 많겠지만, C 팀장이 똑같은 인력과 비용으로 정말 할 수 있는지 지켜보겠다고 벼를 수 있다. 반면에 C 팀장은 A

프로젝트를 기회로 보고 목숨 걸고 일을 진행하기 때문에 성공 확률이 높을 수밖에 없다. 이처럼 동기부여와 자극은 인간의 한계를 뛰어넘을 수도 있는 것이다.

인간은 편해지고 싶어 하지만, 정작 편해지면 불안해한다. 때로는 자극과 동기부여가 필요하다. 어려움을 느끼거나 불안할 때는 심리 상담을 통해 극복하고 평정을 회복할 수 있다.

직장에서 사표를 내는 사람들은 더 많은 연봉을 주는 기업으로 가기 위해서일 수도 있고, 필요한 지식과 전문성을 높이기 위해 대학원에 진학하는 경우일 수도 있다. 또는 과도한 업무량이나 근무 환경이 나빠서 사표를 낸다는 사유를 달지만, 대부분 동료나 선후배 사이의 갈등을 못 이겨 사표를 내는 일도 의외로 많다.

업무에 스트레스를 받고 있을 때 AI가 인간을 격려하고 동기부여 해준다고 생각해 보자. 나를 잘 알고 있는 AI가 내가 필요로 할 때 자극하고 잘했던 일을 기억하여 반복적으로 칭찬하면서 때를 기다리라고 할 수 있다. 칭찬은 고래도 춤추게 한다는 말처럼, 잘할 수 있다고 지속해서 격려받으면 동기부여가 생겨 다시 업무에 집중하게 될지도 모른다.

경쟁 사회에서는 편한 마음으로 상담할 친구가 없을 수도 있고 부모와 상담하기 어려운 일이 다반사이기에, 앞으로는 AI를 심리 상담의 도구로 활용해 새로운 돌파구를 찾을 수도 있을 것이다.

‖ 인공지능, 빅데이터, 메타버스와의 관계

복잡한 사회에서 생활하다 보면 배운 대로 살아가기가 쉽지 않다. 사회생활은 변수가 많아 공식과 규칙이 통하지 않을 때가 많다. 단가 a와 총개수 X가 주어지면 그 총합 Y를 구할 수 있다. $Y=aX$에서 3개의 변수 중 2개를 알아야 정답을 구할 수 있다. 이러한 식은 중학교에서 이미 배웠다.

하지만 사회는 학습한 대로 공식적으로 풀어갈 수 있는 문제만 있는 것이 아니다. 3개의 변수 중에서 알고 있는 것이 하나여도 정답을 구해야 하는 경우도 있다. 이러한 문제를 부적절한 문제라고 한다.

기업체의 CEO는 워낙 바쁜 일정을 소화하다 보니, 일일이 사소한 사안까지는 보고받을 시간이 부족하다. 그래서 일반적으로 기업의 CEO에게 보고할 때는 논리적으로 앞뒤가 잘 맞게 요약하여 핵심만 보고한다. 그런데 CEO는 논리적인 보고서보다 결과만 필요로 할 때가 있다. 문제를 해결해 언제까지 일을 완료할 수 있는지를 Yes 아니면 No로 답하라고 한다. 가령 A 협력 업체가 언제까지 일을 완료하고 중국에서 생산되는 부품이 언제까지 도착하면 Yes이고 그렇지 못하면 No라고 답하고 싶지만, CEO는 이 같은 보고를 듣고 싶어 하지 않는다. 과정은 알아서 하라고 하고 Yes인지 No인지 결과만 묻는다. 이 역시 부적절한 문제다.

이러한 부적절한 문제를 해결하려면 모르는 1개의 변수를 임의로 가정해 생각하고 풀어보는 것이다. 그리고 도출된 결과를 논리적으로 잘 설명할 수 있는지 검토하면 된다. 이것이 설명된다고 해도 가정이라는 확률이 배경에 있기에 정답이라는 보장은 없다.

확률을 높이는 방법은 가정으로 설정한 변수의 데이터가 정확해야 한다. 부적절한 문제는 항상 똑같은 문제가 없다. 그때마다 상황에 맞는 데이터가 필요하지만 쉽게 찾을 수 없다. 쉽게 찾을 수 있다면 부적절한 문제가 아닐 것이다.

우리는 일상생활에서 수많은 데이터를 접할 수 있고 세상에는 엄청난 양의 데이터가 있다. 심지어 지금, 이 순간에도 데이터는 계속해서 늘어난다. 인터넷을 통해 필요한 정보를 언제, 어디서든 쉽고 빠르게 얻을 수 있으며 따로 저장 공간이 크게 필요하지 않다. 신문이나 방송을 통해야 알 수 있었던 날씨 정보도 언제든 실시간으로 확인할 수 있게 되었다.

하지만 부적절한 문제는 기존 인터넷상에 있는 데이터와 다를 수 있다. 이러한 부적절한 문제를 해결하기 위한 도구로 인공지능을 활용할 수 있다. 인공지능과 IT 기술이 진화하면서 가상 세계라는 개념이 대중화되어 사용되고 있다. 가상 세계란 영어로는 Virtual World 라 하며, 가상 현실(Virtual Reality)이라는 기술을 통해 들어갈 수 있는 컴퓨터 기반의 시뮬레이션 환경을 말한다.

인간은 가상 세계에 들어가서 간접적인 경험을 할 수 있으며 이런 많은 경험을 통해 지혜를 쌓고 성숙해진다. 현실 세계에서 인간은 남들과 다른 경험을 하면서 새로운 사실을 깨닫게 되고 세상을 보는 눈이 넓어진다.

하지만 경험해 보고 싶지만, 위험이 따르거나 어떤 경험은 두 번 다시 하고 싶지 않을 수도 있다. 경험은 살아가면서 도움이 되고 유익하지만, 간혹 해서는 안 되는 경험도 존재한다. 이때 가상 세계를 매우 이롭게 활용할 수 있다. AI 시대에는 가상 세계와 현실 세계를 오가며 인간에게 필요한 경험이지만, 직접 할 수 없는 일들을 간접적으로 경험해 볼 수 있는 장(場)을 제공한다. 인간은 AI를 통해 필요한 경험을 간접 경험하고, 이를 토대로 부적절한 문제를 해결할 수 있는 데이터를 만들어 낼 수 있다.

인공지능의 핵심은 빅데이터다. 인공지능은 데이터를 많이 가질수록 더 똑똑해지는데, 가상 세계는 가치 있는 데이터를 만들어 부적절한 문제를 해결하는 데 도움을 주게 될 것이다. 다행히 최근에는 메타버스(Metaverse)의 등장으로 가치 있는 데이터를 더 많이 생산할 수 있게 되었다. 메타버스는 가상, 가공을 뜻하는 영어 단어 '메타(Meta)'와 우주, 현실 세계를 뜻하는 '유니버스(Universe)'의 합성어로 아바타(Avatar)라고 하는 자신의 분신을 현실 세계와 융합, 복합된 온라인상의 공간에 배치하여 마치 현실의 3차원 공간처럼 이용하는 기술이다.

메타버스를 체험하기 위한 수단으로 VR기술이 사용되는데 VR디바이스(Head Mounted Display, HMD)를 사용하면 현실감과 몰입감이 더 커지게 된다. 또한 메타버스상에서 다른 아바타와 사회생활을 하고 커뮤니케이션이 가능하며, 데이터의 위조를 방지하기 위해 블록체인(Blockchain) 기술을 활용한 가상화폐를 만들어 메타버스 안에 있는 물건을 사고팔 수도 있다.

최근에는 메타버스상에 있는 아이템에 고유의 가치를 부여해 거래를 하고 있는데, 유일무이(唯一無二)성의 디지털데이터 하나하나에 자산적 가치를 부여하는 기술로 NFT(Non-Fungible Token: 대체 불가능한 토큰)가 사용된다. 이와 같은 NFT를 거래할 때 가상화폐를 사용하게 되는 것이다. 이해하기 어려운 단어와 기술이 메타버스를 이해하는 데 어려움을 주고 있으나 간단히 정리하면 다음과 같다.

인터넷상에 구축된 메타버스라는 가상의 3차원 세계가 있고, 나의 분신인 아바타가 다른 아바타와 어울려 사회생활을 하게 된다. 메타버스상에서 활동하다 보면 고유의 아이템들을 사고파는 장이 형성되고, 이들 아이템을 거래할 때 사용되는 화폐가 가상화폐인 것이다. 미술작품이나 음악콘텐츠와 같은 디지털 자산(아이템)에 소유권을 주어 아이템을 거래할 수 있도록 NFT가 사용되며, 이때 가상화폐와 NFT에 사용되는 기술이 블록체인이고 가상 세계를 체험하기 위한 수단으로 VR기술이 사용된다.

블록체인 기술을 기반으로 한 다양한 메타버스 플랫폼은 현실 세계와 다른 비즈니스를 구축할 수 있게 되었고, 가상 세계와 현실 세계를 오가며 그 체험을 통해 또 다른 빅데이터를 생산하게 된다. 이와 같이 인공지능, 그리고 가상 세계와 더불어 빅데이터를 생산하는 메타버스의 잠재력이 인간의 부적절한 문제의 정확도를 높여주는

데 한몫을 하게 될 것이다.

‖ 진화의 원리로부터의 일탈

인간은 도구와 기계를 만들어 사용하면서 다른 생명체보다 강해졌고, 기후 변화나 자연재해와 같은 환경에 적응하면서 진화해 왔다. 인간이 사용하고 있는 도구나 기계는 모두 생존 경쟁에 필요한 것들이라고 해도 과언이 아니다.

기술의 거듭된 발전으로 인해 진화 속도가 가속화되어 가고 있다. 이것을 수확 가속의 법칙(The Law of Accelerating Return)이라고 한다. 이는 기술의 발전이 더욱 가속화되는 데, 지수 함수적으로 증가하게 된다는 것을 의미한다. 『AI가 인간을 초월하면 어떻게 될까?』의 저자 사이토 가즈노리는 A4 용지를 사용하여 '수확 가속의 법칙'을 설명했다.

A4 용지를 2번 접고 3번 접으면 두께가 여덟 배가 된다. 그리고 23번을 접으면 두께가 1킬로미터가 된다고 한다. 물론 현실적으로는 종이를 무한정 접을 수는 없지만, 어떤 기계를 사용하여 종이를 계속해서 접을 수 있다고 가정해 보자. 종이를 접고 또 접어 42번을 접으면 44만 킬로미터가 된다. 지구에서 달까지의 거리가 약 40만 6,000킬로미터인 점을 감안한다면, 수확 가속의 법칙이 얼마나 무서운 것인지 쉽게 알 수 있다.

이것은 반도체의 집적회로와 성능이 18개월마다 두 배씩 증가한다는 '무어의 법칙'을 확장한 것으로, 전반적인 인류의 기술 수준이 기하급수적으로 늘어난다는 것이다.

인공지능 기술 또한 가속도적으로 변화하면서 기술이 축적되는데, 축적된 인공지능 기술이 인공지능 기술 자체를 더욱 발전시키게 된다. 이렇게 인공지능이 스스로 자율적인 진화를 하게 되면 기존의 기술 진화와는 다른 특징을 갖게 된다. 그리고 인공지능 기술이 인간과 동등한 수준까지 오게 되면, 그 이후에 더욱 가속도적으로 진화해 인간의 지능을 추월하게 된다.

이것이 우리가 알고 있는 싱귤래리티(Singularity)의 개념이다.

Singularity(기술적 특이점)의 근간이라 할 수 있는 '수확 가속의 법칙'은 지구상에 있는 생물의 기하급수적 성장도 설명할 수 있다.

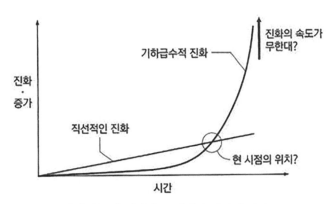

• 출처: 『AI가 인간을 초월하면 어떻게 될까?』,
사이토 가즈노리 저, 이정환 역, 마일스톤

생물의 기하급수적인 성장 배경에는 유전과 생존 경쟁이 있다. 진화가 부모의 형질을 혼합해 유전된다는 다윈의 주장은, 이후 부모의 유전인자 중 우성인 형질이 자식에게 발현되는 것으로 발전해 연구되어 왔다. 일반적으로 인간은 주위 환경에 적응하기 위해 생존 경쟁을 하고 있다.

생존 경쟁에서 살아남은 개체들은 자손들에게 자신의 우성형질인 유전자를 전달하게 되고 전달받은 자손들은 이전 세대보다 더 최적화된 환경에 적응하게 된다. 이와 같은 유전과 생존 경쟁의 구조를 모방하면 우월한 생물이 될 수 있다는 생각에서 컴퓨터로 진화를 실행하는 구조가 연구되고 있는데, 이것이 '유전자 알고리즘'이다.

유전자 알고리즘(Genetic Algorithm)은 생물이 세대에 걸쳐 진화하는 메커니즘을 기반으로 고안된 최적의 솔루션을 찾는 알고리즘이다. 최적의 해결책은 데이터로부터 발현되는 유전자(유전자 발현, Gene Expression)의 집합인 개인에 대한 평가(Fitness), 선택(Selection), 교배(Crossover), 돌연변이(Mutation) 등을 통해 얻어진다. 세대는 유전자들이 생성되어 소멸되는 하나의 주기로, 특정 부모와 자식의 관계가 1세대라고 하면 손자와의 관계는 2세대가 된다.

제일 첫 번째 세대에 해당하는 초기 개체군이 형성되면 각각의 개체를 평가하여 점수를 매긴다(평가). 이 점수를 기반으로 다음 세대의 부모가 될 개체를 선택한다(선택). 이어서 이들 선택된 부모의 유전자를 조합하여 새로운 개체를 생성하는 교배와 유전자의 일부가 무작위로 변하는 돌연변이가 수행되어 차세대 집단을 생성한다

(세대교체). 이렇게 생성된 개체군은 다시 평가되고 선택과 교배, 돌연변이의 조작을 미리 결정된 세대 수만큼 반복한 후 끝내는 것이 유전자 알고리즘의 흐름이다.

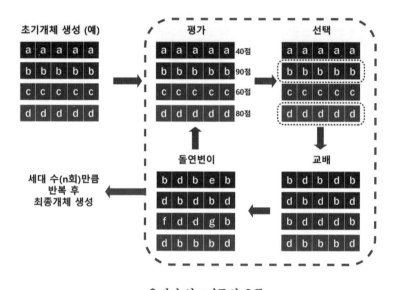

• 유전자 알고리즘의 흐름

선택은 아주 천천히 미세한 것까지 세심히 살피면서 나쁜 것은 버리고 좋은 것은 보존하게 된다. 유전적 알고리즘은 학습하면서 진화하는 유형의 AI라고 할 수 있다. 인간이 경험해 얻은 어떤 지식은 데이터화하기 어렵고 규칙을 찾아내기도 쉽지 않지만 AI는 스스로 학습하면서 어떤 패턴이나 이미지 등을 인식하게 된다.

진화는 종(種)에 있어서는 거대한 학습과 같다. 인간은 생존 경쟁에서 살아남기 위해 도구를 사용해 왔고 진화해 왔다. 많은 도구는 생활의 편리를 위해 사용되기도 했지만, 반대로 생존 경쟁에 살아남기 위한 전쟁의 도구로 사용되기도 했다. 부족한 자원을 서로 차지하려고 싸우기도 하고, 후손을 남기기 위한 수단으로 생존 경쟁이라는 전쟁을 해왔다.

　하지만 생활이 윤택해지면서 인간은 평화를 원하게 되었고 명예욕이나 자기과시가 생존 경쟁을 대신하고 있다. 전쟁을 없애고 평화를 얻기 위해서 인간은 자신의 주장을 억제하고 상대방의 주장을 받아들여야 한다.

　그래서 많이 가지고 있는 사람들이 부족한 사람들에게 온정을 베풀고, 먹을 것이 부족한 사람들에게 식량과 물을 나누어 주는 사회 운동을 하고 있다. 이제 인간이 느끼는 가치는 생산이나 투쟁보다는 쾌락과 만족감에 비중을 두게 되었고, 인간이 만드는 도구와 기계도 이러한 쾌락과 욕망을 충족시켜주기 위한 쪽으로 관심을 두게 된 것이다.

　지금까지는 유전자를 개량하기 위한 수단은 전쟁을 통한 생존 경쟁이었다. 하지만 앞으로는 약탈을 해서 식량을 확보하는 생존 경쟁이 아니라, 협력하여 더 많은 양을 수확하는 유전자가 평가, 선택, 교배, 돌연변이를 통해 이루어지도록 노력해야 할 것이다.

　물론 지구상에서는 선택, 교배, 돌연변이라는 기본 요소 이외에도 기후의 변화나 자연환경의 변화와 같은 예기치 못한 상황이 일어날 수 있다. 그렇지만 자연 선택이 아닌, 인공 선택에 의한 유전적 알고리즘의 활용은 생존 경쟁에 의한 전쟁보다는 서로 돕는 평화의 시대를 이루어 내는 데 중요한 역할을 할 것이다. 이러한 역할의 중심에 프로그래머가 있다고 해도 과언이 아닐 것이다.

‖ AI와 인간의 융합

현재는 AI를 인간의 편리성을 위한 도구로 사용하고 있지만, 궁극적으로는 인간과 AI가 혼연일체가 되어야 한다.

승마 경기에서 말을 모는 선수는 말과 혼연일체가 되어 호흡을 맞춰야 하고 바이올린 연주자는 바이올린과 혼연일체가 되어 마치 악기가 연주자의 몸인 것처럼 같이 움직여야 하듯이, AI와 인간과의 관계도 도구로 이용하는 단계를 벗어나 혼연일체가 되어 유기적으로 활동해야 한다.

인체는 세상 그 무엇보다 신비롭다. 심장마비는 심장근육에 피를 공급해 주는 관상동맥이 막힐 때 일어난다. 그리고 관상동맥이 막혀 피가 산소와 기타 영양분을 운반해 주지 못하면 심장 조직은 죽거나 손상된다. 이때 심장 조직이 많이 손상되면 약해진 심장 때문에 피를 보낼 수 없다. 또한 심장을 율동적으로 뛰게 만드는 전기 충동이 파괴되어 사망할 수도 있고 뇌로 피가 통하지 않을 때 뇌졸중을 유발하기도 한다.

최신 스마트폰을 보면 소형화를 추구하면서도 기능은 고성능이 되어가고 있다. 웨어러블 디바이스처럼 몸에 부착하는 형태도 있는데, 의료용으로 사용되는 경우 맥박이나 혈압을 측정하여 신체의 이상 유무를 체크할 수 있도록 해주고 있다. 심박세동 같은 현상도 웨어러블기기에서 측정할 수 있다.

아직 전자기기와 같은 기계를 신체에 휴대하거나 오랫동안 접속하는 일은 기술적인 문제가 있지만, 이러한 제반 문제들이 언젠가 극복되면 기계 장치를 휴대하거나 체내에 넣을 수 있게 된다.

인간은 노화하면서 때로는 신체에 여러 불규칙한 현상이 나타나기도 한다. 대표적인 현상으로 불규칙한 심장 박동이 있다. 정상 맥박의 경우 1분에 60~80회이지만 부정맥은 맥박이 정상 맥박보다 느려지거나 빨라지거나 또는 불규칙한 상태가 되는 것을 말한다. 정상 맥박보다 느린 경우 서맥성 부정맥이라 하고 정상 맥박보다 빠른 경우 빈맥성 부정맥이라고 한다. 이들의 치료 방법의 하나로 심박동기 삽입이 있다. 이 장치는 배터리가 내장되어 있어서 배터리 수명이 다하면 배터리를 교환해 주어야 한다.

융합은 녹아든다는 의미다. 인간이 필요로 하는 전기적인 장치나 기계를 몸에 부착하거나 체내에 집어넣는 것이 아니라 체내에 삽입된 기계가 인간이 원래 가지고 있던 기능과 융합되려면 인공지능이라는 알고리즘이 필요하다. 현 단계에서 기술의 목표는 인간의 몸체와 기계의 융합이지만, 다음 단계는 장기 또는 세포와 기계의 융합으로 발전하게 될 것이다. 기계가 진정으로 인간과 융합하려면 AI의 도움 없이는 이루어지기 어렵다.

　미국의 전산학자인 앨런 케이(Alan Curtis Kay)는 미래는 예측하는 것이 아니라 발명하는 것이라고 했다. 프로그래머는 20년 후에 어떤 미래가 올 것인가를 예측하려고 할 것이 아니라, 어떤 미래를 만들고 싶은가를 생각해야 한다.

인공지능의 태동, 계산기계

1

계산의 의미와
몇 가지 문제

소프트웨어는 컴퓨터 프로그램으로, 눈에 보이지 않는 컴퓨터의 구성 요소 중 하나다. 컴퓨터를 움직이게 하고 스마트폰이라는 하드웨어를 작동시키는 것의 중심에 프로그램이 있다. 프로그램은 컴퓨터를 작동시키기 위한 일종의 명령과도 같은데, 이 명령에 따라 컴퓨터가 움직이게 된다. 즉, 소프트웨어가 없으면 컴퓨터나 스마트폰은 작동하지 않는다는 말이다.

컴퓨터는 본래 계산하기 위해 태어났다. 어떤 정보를 컴퓨터에 입력(Input)하면 컴퓨터는 계산하여 그 결과를 출력(Output)한다. 입력장치는 마우스와 키보드이고 출력장치는 프린터나 모니터다. 컴퓨터의 내부는 기본적으로 CPU(Central Processing Unit)라는 연산 장치와 메모리(Memory)라는 기억 장치로 구성되어 있다. 메모리에 프로그램(계산의 설계도)으로 덧셈과 뺄셈 같은 명령을 작성하고 실행하면, CPU는 메모리로부터 정보(데이터)를 읽어(Read) 필요한 연산을 수행한 후 그 정답을 메모리에 쓰게(Write) 된다. 계산의 대상이 되는 정보(데이터)의 원소는 2진수(0과 1)로 이루어져 있다.

컴퓨터가 나오기 이전부터 우리는 일상에서 많은 것을 계산하며 살아왔다. 물건을 사고팔 때 거스름돈을 계산하거나 집에 가구와 책상을 배치하기 위해 면적을 계산하기도 한다. 또 서울에서 부산까지 KTX를 이용하는 것과 자가용으로 이동하는 것의 비용과 시간을 비교하기 위한 계산도 한다.

계산하기 위해 암산을 활용하거나 종이와 연필을 사용해 답을 구한다. 기술의 발전으로 한동안 전자식 탁상계산기(Electronic Calculator)를 사용해 계산했지만, 요즘은 스마트폰의 앱이나 컴퓨터의 계산 기능을 활용한다. 전자식 탁상계산기나 컴퓨터를 이용한 계산은 생활에 큰 불편을 주지 않는다. 하지만, 학교에서 시험을 볼 때 일일이 손으로 계산하고 확인하는 일은 꽤 번거롭고 귀찮은 일 중 하나다. 그래서 수학은 재미있는데 계산하는 것이 싫어 수학을 하고 싶지 않다는 사람도 있다. 또는 계산은 잘하는데 일상적이지 않은 추상적인 것을 통해 왜 그렇게 되는지 이해하고 그 과정을 풀어나가는 것이 싫어 수학을 못 한다고도 한다. 이런저런 이유로 많은 사람에게 수학은 골치 아픈 것임은 틀림없다.

백과사전에서의 계산의 의미는 다음과 같다.

계산(計算, Calculation)은 주어진 정보를 이용해 어떤 값이나 결과를 구하는 과정을 뜻한다. 이 용어는 다양한 뜻으로 쓰이는데, 예를 들어 덧셈, 뺄셈 등의 사칙 연산처럼 단순한 것을 말할 수도 있고 함수의 최솟값을 구하거나 게임에서 최적의 전략을 찾는 것, 선물 옵션의 이론값을 구하는 것처럼 조금 더 복잡한 것을 의미하기도 한다.

계산은 인간의 규칙에 기초해서 진행되는 작업으로 규칙의 적용은 머릿속에서 이루어진다. 인간은 계산할 때 암산을 하기도 하지만, 한 번에 정확하게 머릿속에 집어넣는 데이터의 양이 유한하기 때문에 보조 기억으로써 종이와 연필을 사용한다. 종이 한 장에 쓰는 분량은 유한하지만, 종이의 매수를 셀 수 없이 많이 사용하면 무한하게 사용할 수 있다.

다음의 몇 가지 문제를 암산이나 종이와 연필을 가지고 계산해 보자.

문제 1) 누구나 답은 알 수 있는 산수

1+1=?

제시된 문제는 너무 쉬워서 연필과 종이가 없어도 2라는 정답이 나온다. 누구에게나 당연한 답이지만, 어릴 적 에디슨은 다른 답을 제시해 따돌림을 당했다는 유명한 이야기가 있다. 이와는 별개로 아이들을 키우다 보면 아이들로부터 1+1이 왜 2가 되냐는 질문을 받을 때가 있다. 아이들을 이해시키기 위해 사과를 이용하여 설명하기도 하고, 그냥 그렇게 규칙으로 되어 있다고 말할 수도 있다. 여러분은 아마 나름대로 수많은 방법을 활용하면서 아이들을 이해시키기 위해 설명할 것이다.

에디슨이 생각했던 진흙 1개와 또 다른 진흙 1개를 더했더니(합쳤더니) 1개가 되었다는 생각은 덧셈을 물리적 모델로 생각한 것이고, 사과 1개와 또 다른 사과 1개를 더하는 것은 덧셈이라는 수식으로 생각하는 것이다. 대부분의 아이는 사과나 물건을 가지고 설명하면 이해하고 질문에 대한 답으로 받아들인다. 원래 물리와 수학은, 수학을 사용하여 물리를 설명하는 관계인데 에디슨은 이러한 물리와 수학의 관계를 거꾸로 생각하여 설명하려고 했던 것이다.

우리는 그저 1+1=2라고 정의되어 있고, 1+1은 1 다음에 오는 수가 2이기 때문에 1+1=2가 되는 것은 당연하다고 생각한다. 하지만 논리적으로 생각해야 하는 프로그래머들은 일반인과 다른 생각으로 접근해야 한다.

실제로 1+1=2라는 것을 증명하기는 상당히 어려운 문제다. 교사나 학자들은 페아노의 공리계(Peano's Axioms)를 이용하여 이를 증명한다. 페아노 공리계는 자연수를 정의하는 공리다. 원래 공리라는 것은 기본적이고 당연한 것으로 증명할 수 없다. 즉, 1+1을 증명하기 위해서는 다음 다섯 가지 사실을 증명 없이 받아들이고, 이 다섯 가지 공리를 만족하는 집합을 자연수로 정의하게 된다.

공리 1: 자연수 0이 존재한다.

공리 2: 임의의 자연수 a는 그 계승자(Successor), 즉 suc(a)가 존재한다.

공리 3: 0은 어떤 자연수의 계승자가 아니다(0보다 앞에 있는 자연수는 존재하지 않는다).

공리 4: 서로 다른 자연수는 서로 다른 계승자를 갖는다. 즉 a≠b 일 때 suc(a)≠suc(b)이다.

공리 5: 0이 어떤 성질을 만족하고(참이고) 자연수 a가 어떤 성질을 만족(참이면)한다면 그 계승자 suc(a)도 그 성질을 만족하고 모든 자연수는 그 성질을 만족(참이다)한다.

이러한 공리는 다음과 같이 다시 정리할 수 있다.

공리 1과 공리 2로부터 자연수 0은 그 계승자 suc(0)이 존재한다. 또한 공리 4로부터 suc(0)≠0이 아니다. 0이 아니라면 이 수를 별도의 수 1이라고 하자. 즉, suc(0)=1. 또한 공리 2로부터 suc(0)의 계승자, 즉 suc(suc(0))가 존재한다. 이것은 공리 4로부터 suc(suc(0))≠ suc(0)이 아니므로 별도의 수가 존재한다. 즉, 앞에서 suc(0)을 별도의 수 1이라고 가정했으므로 suc(suc(0))에서 suc(0)대신 1을 사용하면 suc(suc(0))≠suc(0)은 suc(1)≠1이 된다. 여기서 만약 suc(1)=0이라고 하면 공리 3을 부정하게 되므로 suc(1)은 0이 아니다. 따라서 0도 아니고 1도 아니므로 이것을 별도의 수 2라고 하자. 즉, suc(1)=2.

공리로부터 여기까지 정리하고 이제 1+1=2를 증명해 보자. 1이라는 요소를 포함하여 자연수의 집합 N이 있을 때 집합 N(1, 2, 3···)에는 어느 요소 a가 있을 것이다.

a+1이라는 연산을 할 때 a+1의 계승자를 suc(a)라고 정의하면 위의 정리에서 a+1=suc(a)로 표시할 수 있다. 양변의 a에 1을 대입하면 1+1=suc(1)=2가 되므로 이것으로 1+1=2가 됨을 알 수 있다.

일반적인 자연수의 덧셈은 공리 5를 사용하면 된다. 즉, 수 1로 증명이 되면 2도 증명이 되므로 모든 자연수에 대하여 증명이 된다. 공리 5를 수학적 귀납법의 원리라고도 한다.

여기서 주의할 것은 페아노의 공리를 사용하여 1+1=2의 증명을 하는 것이 목적이지 페아노의 공리가 1+1=2를 증명하는 것은 아니라는 점이다.

문제 2) 스마트폰의 초기 불량률

공장에서 출하되어 생산된 스마트폰의 불량률이 10%라고 하면 어떤 운이 없는 소비자가 구매한 스마트폰에서 이 10%에 해당되는 불량품을 구매할 가능성이 있을 것이다. 공장에서 스마트폰을 제조하여 한 박스에 12개씩 넣어서 출하하는데, 하루 생산량이 1,000박스라고 가정해 보자. 이 중 100박스를 무작위로 샘플링하여 검사(샘플링 검사)하면 몇 박스나 양품이 나올까?

인공지능은 확률과 통계를 활용하여 과거의 데이터를 분석하고 미래의 가능성을 예측하는 데 응용된다. 계산이 조금 번거롭긴 하나 가능성을 예측하는 확률 계산을 살펴보자.

일반적으로 공장에서 생산된 제품은 소비자에게로 간다. 불량품을 소비자에게 판매할 수 없으므로 공장에서 생산된 제품을 출하하기 전에 양품인지 불량인지 확인해 봐야 한다. 양품을 확인하려면 전수검사를 하면 된다. 하지만 전수검사의 경우 검사해야 할 제품이 많을수록 검사 시간과 비용의 부담을 갖게 된다. 더군다나 검사 대상과 검사 항목이 많아지면, 불충분한 전수검사로 인해 오히려 양품을 골라내기가 쉽지 않게 된다.

이런 문제를 해결하기 위해 전수검사보다는 소수의 제품을 꼼꼼하게 검사하는 샘플링 검사를 하게 되는데, 샘플링 검사는 생산된 제품 전체를 전수검사 할 때보다 시간이 덜 들고 비용 면에서도 효율적이다.

많은 노력에도 불구하고 가전제품이나 스마트폰은 제조 과정에서 어떤 이유로 인해 불량이 발생한다. 샘플링 검사를 하여 생산된 제품을 양품으로 판정해 출하하더라도 결점이 없는 완벽한 생산 공정이란 있을 수 없기 때문에 불량이 발생할 수 있다. 따라서 구매 후 불량이 있으면 15일 이내 교환 및 환불과 같은 조치를 취하고 있다.

모든 제품의 제조 과정에서 불량품이 나온다는 것은 알았으니, 이제는 앞서 제시한 문제의 답을 찾아보자. 단순히 100상자×0.1(10%)=10상자가 불량이므로 100-10=90상자가 양품이라고 생각하면 잘못된 계산이다. 이는 주사위를 던졌을 때 6이 나올 확률을 1/2이라고 답하는 것과 같다.

소비자가 스마트폰을 구입할 때 10개의 박스가 불량이라고 계산하면 해당되는 10상자 안에 각각 들어 있는 12개의 스마트폰이 모두 불량품이 된다. 초기의 인기 있는 스마트폰을 소비자가 줄까지 서서 구매했는데, 운이 나쁜 12명의 소비자가 연속으로 불량품을 구매한다는 의미가 된다. 이런 현상이 발생한다면 소비자는 이 제품을 구매하지 않을 것이다.

10%의 불량품은 100개의 상자 어딘가에 랜덤하게 들어 있을 것이므로 한 상자에 불량품이 들어 있을 확률을 구해보자. 한 상자에는 스마트폰 12개가 들어 있으니, 가령 어떤 상자 안에는 불량품이

1개도 없고 어떤 상자에는 불량품이 3개가 있을 수도 있다.

우선 불량률이 10%라는 것은 10/100=1/10이라는 의미이고, 양품일 확률은 100-10=90% 즉, 90/100=9/10라는 의미다. 예를 들어 12개가 들어 있는 어떤 한 상자 안에 3개의 불량품이 들어 있을 확률은 0.085%이다.

$$_{12}C_3 \times (1/10)^3 \times (9/10)^9 = (12 \times 11 \times 10)/(3 \times 2 \times 1) \times (0.1)^3 \times (0.9)^9 = 0.085$$

이 문제를 풀기 위해서는 학교에서 배운 순열과 조합의 의미를 알아야 한다. 순열($_nP_r$)이란 서로 다른 n개에서 순서를 고려하여 r개를 뽑아 나열하는 경우의 수로, 팩토리얼(!) 공식을 이용하여 다음과 같이 표현한다(단, r(0⟨r≤n)).

$$_nP_r = n(n-1)(n-2)\cdots(n-r+1)$$

$$= \frac{n(n-1)(n-2)\cdots(n-r+1)(n-r)\cdots 3\cdot 2\cdot 1}{(n-r)\cdots 3\cdot 2\cdot 1}$$

$$= \frac{n!}{(n-r)!}$$

여기서 팩토리얼(!)은 n개에서 하나씩 차례대로 빼서 그 수가 1이 될 때까지 모두 곱하는 것으로, 예를 들어 자연수 n이 5라면 5×4×3 ×2×1 이 된다는 의미로 풀어 쓰면 다음과 같다.

$$n! = n(n-1)(n-2)\cdots3\cdot2\cdot1$$

조합($_nC_r$)이란, 서로 다른 n개에서 순서를 생각하지 않고 r개를 택하는 것을 뜻하고, 순열의 공식을 이용한 공식은 다음과 같다(단, $r(0\langle r\leq n)$).

$$
\begin{aligned}
_nC_r &= \frac{_nP_r}{r!} \\[2ex]
&= \frac{n(n-1)(n-2)\cdots(n-r+1)}{r!} \\[2ex]
&= \frac{n(n-1)(n-2)\cdots(n-r+1)(n-r)\cdots3\cdot2\cdot1}{r!(n-r)\cdots3\cdot2\cdot1} \\[2ex]
&= \frac{n!}{r!(n-r)!}
\end{aligned}
$$

이와 같은 식을 이용하여 한 상자(12개)에 몇 개의 불량품이 들어 있을지 가능성(확률)을 계산해 보면 다음과 같다.

- 한 상자 안에 불량품이 '0'개일 확률(불량품이 전혀 없을 확률)

$$_{12}C_0 \times (1/10)^0 \times (9/10)^{12} = 0.282$$

- 한 상자 안에 불량품이 '1'개 있을 확률

$$_{12}C_1 \times (1/10)^1 \times (9/10)^{11} = 0.397$$

- 한 상자 안에 불량품이 '2'개 있을 확률

$$_{12}C_2 \times (1/10)^2 \times (9/10)^{10} = 0.230$$

- 한 상자 안에 불량품이 '3'개 있을 확률

$$_{12}C_3 \times (1/10)^3 \times (9/10)^9 = 0.085$$

- 한 상자 안에 불량품이 '4'개 있을 확률

$$_{12}C_4 \times (1/10)^4 \times (9/10)^8 = 0.021$$

- 한 상자 안에 불량품이 '5'개 있을 확률

$$_{12}C_5 \times (1/10)^5 \times (9/10)^7 = 0.004$$

- 한 상자 안에 불량품이 '6'개 있을 확률

$$_{12}C_6 \times (1/10)^6 \times (9/10)^6 = 약 \ 0.000$$

한 상자(12개) 안에 불량품이 6개 이상 들어 있을 확률은 '0'에 가깝기에 한 상자 안에 불량품이 6개 이상 들어 있을 확률은 없다고 보면 된다. 또한 한 상자 안에 불량품이 한 개도 없을 확률이 0.282이므로 100상자에 중에는 100×0.282=28.2가 되어 약 28개의 상자 안에는 불량품이 1개도 없다고(양품만 들어 있다) 할 수 있다.

문제 3) 컴퓨터의 2진수 계산

금을 주된 성분으로 하는 동전을 금화(金貨, Gold Coin)라고 한다. 바구니에 512개의 금화가 들어 있는데, 이 중에 1개의 위조된 동전이 있고 이 동전은 금화보다 무게가 적게 나간다. 중량을 측정하는 천평(天平) 저울로 1개의 위조 동전을 찾아내려면 몇 번 만에 찾아낼 수 있을까?

정답은 아홉 번이다.

첫 번째는 256개씩 나누어 천평 저울에 올려놓으면 한쪽의 기울기가 낮은 쪽에 위조된 동전이 있는 것을 알 수 있다. 두 번째는 이 256개를 다시 반으로 나누어 128개씩 천평 저울에 올려본다. 그러면 이번에도 한쪽의 기울기가 낮은 쪽에 위조된 동전이 있는 것을 알 수 있다. 세 번째는 64개씩, 네 번째는 32개씩, 다섯 번째는 16개씩, 여섯 번째는 8개씩, 일곱 번째는 4개씩, 여덟 번째는 2개씩, 마지

막으로 1개씩 나누어 천평 저울에 올려놓으면 위조된 동전을 찾을 수 있다.

디지털 세계에서는 2진수(0과 1)로 데이터를 표현하게 된다. 1비트로 표현할 수 있는 데이터의 수는 0과 1, 2개(2의 1 제곱)이고 2비트로 표현할 수 있는 데이터의 수는 00, 01, 10, 11의 4개(2의 2 제곱)이다. 3비트라면 000, 001, 010, 011, 100, 101, 110, 111과 같이 8개(2의 3 제곱)의 데이터를 표현할 수 있다.

그러면 키보드를 만들기 위해 영어의 알파벳(A부터 Z까지 26개)과 숫자(0, 1, 2, 3…9까지 10개)를 2진수로 표현하려면 몇 비트가 필요할까?

2의 x 제곱을 해서 모두 36이 나오려면, 먼저 x=5를 대입해 본다. 그러면 32개밖에 데이터를 표현하지 못해 부족하다. 따라서 x=6으로 하여 64개의 데이터를 표현하여 사용하면 된다.

② 계산기계

‖ 연필과 종이

초등학교에서 우리는 구구단을 배우고 익힌다. 덕분에 우리는 생활 속의 간단한 계산은 암산으로 할 수 있다. 그러나 계산이 조금 복잡해지면 종이와 연필을 준비해야 한다.

‖ 주판

지금은 거의 사용하지 않지만, 예전에는 계산을 위해 가게나 상점에서 주판을 많이 사용했다. 탁상용 전자계산기가 나오기 전까지 주판을 사용해 꽤 큰 숫자의 연산이 가능했다. 또 주판은 데이터를 기억하고 간단히 바꿔 쓸 수가 있어 편리하다. 주판을 사용할 때도 구구단을 암기하고 있으면 주판의 알을 움직여서 쉽게 계산할 수 있다.

‖ 전자식 탁상계산기(Electronic Calculator)

초기의 전자식 탁상계산기는 사칙 연산(덧셈, 뺄셈, 나눗셈, 곱셈)을 위한 간단한 계산을 하고 연산은 키 조작으로 계산할 수 있었다. 그래서 인간은 굳이 구구단을 암기할 필요 없이 계산 순서에 따라 조작 키를 누르면 계산 결과를 쉽게 얻을 수 있었다. 이것이 발전하여 공학용 계산기가 등장했다. 공학용 계산기는 대학교에서 학생들이 복잡한 계산을 위해 사용했다.

전자계산기는 일반화된 컴퓨터와 구분하기 위해 Calculator라고 부른다. 일반 계산기를 사용하여 2의 10 제곱이 어떤 값인지 알기 위해서는 2와 ×(곱셈)이라는 키를 10번 사용(2×2×2×…2=)하여 1024라는 답을 얻어낸다. 공학용 계산기를 사용하면 y^x라는 키를 사용하여 (2y^x10=)처럼 5번 만에 답을 얻을 수 있다.

요즘은 스마트폰의 계산기 앱을 사용하여 계산할 수 있고 노트북의 계산기 기능을 이용해 편리하게 계산할 수도 있다.

‖ 튜링기계(Turing Machine)

계산기계는 계산 순서를 일일이 손으로 누르지 않아도 주어진 계산 순서를 읽으면서 기억과 연산을 조작한다. 이 계산 순서는 프로그램의 한 형태다. 일반적인 컴퓨터가 여기에 해당하는데, 인간은 계산 순서를 만들고 계산기계는 인간이 만든 계산 순서를 실행한다.

계산기계는 기억, 연산, 제어의 세 가지 기능을 행하는 기계다(실제로는 이것 이외에도 키보드나 모니터와 같은 외부와의 입출력이 필요하다).

이와 같은 계산기계가 갖추어야 할 기본 성질은 다음과 같다.

(1) 모든 정보는 기호로 표현되고 기억된다.

(2) 기억 장치는 유한하며 일정 한도 내의 기호만 기억할 수 있다.

(3) 계산기계의 동작은 '결정론'적이다. 즉, 어떤 상태에서 어떤 동작을 해야 하는지 완전히 결정되어 있다. 여기서 상태란 계산/판단을 위한 제반 장치의 상태(다음에 어떤 계산을 할지 계산의 결과는 어떻게 되고 판단의 결과는 어떻게 되는지 등등)와 기억 장치의 내용(어떤 정보가 기억되어 있는지)을 조합하는 것을 의미한다.

이러한 장치의 대표적인 예로 튜링기계(Alan Turing이 생각한 가상 기계)를 들 수 있다. 튜링은 가상 기계(TM: Turing Machine)를 통해 인간이 해왔던 계산을 기계가 할 수 있지 않을까 하는 생각에서 시작되었다. 튜링기계는 현재 우리가 사용하고 있는 컴퓨터의 원리가 되었다고 볼 수 있다.

튜링기계는 무한히 긴 테이프를 가지고 있는데 테이프는 칸(셀)으로 나뉘어 있다. 헤드(Read-write Head)가 좌우로 움직이면서 테이프 위의 각 칸에 데이터를 쓰고 읽을 수 있는 본체로 되어 있다. 본체에는 동작표가 있다.

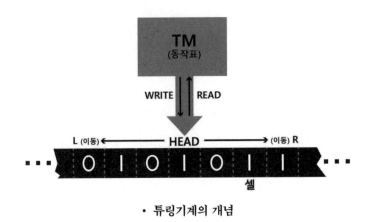

· 튜링기계의 개념

무한히 긴 테이프의 의미는 유한의 테이프를 필요에 따라 계속 이어서 쓸 수 있다는 것으로 실제로 사용되는 부분은 유한의 부분이다.

튜링기계에서 테이프의 읽기/쓰기 기능은 매우 단순하다. 헤드를 통해 읽을 때 헤드가 가리키는 테이프의 셀에서 한 문자만 읽을 수 있으며, 헤드를 통해 쓸 때도 한 문자만 지정된 테이프의 셀에 쓸 수 있다. 또한 테이프의 각 칸에 문자의 읽기 및 쓰기 동작을 제어하는 동작표도 하나의 문자로만 표현된다.

튜링기계가 가리키고 있는 '현재 상태'도 한 문자로 표시되며, 현재 상태와 그 당시 읽은 테이프의 한 글자에 따라 테이프에 어떤 한 문자가 기록되고 다음 상태가 결정된다. 이것이 튜링기계의 한 단계 작동이다.

이 기본 원리로 일반적인 덧셈은 물론 뺄셈, 곱셈 등도 동작표(상태 전이도: State Transition Diagram)를 만들어 동작시킬 수 있게 된다.

이렇게 해서 만들어진 튜링기계는 덧셈만 할 수 있는 덧셈 전용 튜링기계가 되고 뺄셈 전용, 곱셈 전용 튜링기계와 같이 그 용도에 맞는 전용 튜링기계가 된다.

동작표에 의해 동작되는 튜링기계는 데이터를 읽고 쓸 수 있는 테이프를 여러 개를 가지고 사용할 수 있으며, 여러 개의 테이프를 가리키는 헤드로 계산에 필요한 상태수를 만들어 계산 동작을 할 수 있게 되는데 이를 다테이프 튜링기계라고 한다. 다테이프라고는 하지만, 실제로는 1개의 무한히 긴 테이프를 여러 개로 나누어 사용한다고 보면 된다.

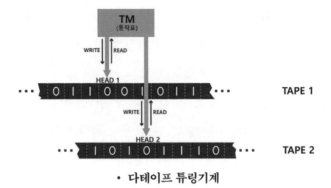

• 다테이프 튜링기계

다테이프 튜링기계의 테이프

(1) 좌우로 무한히 길다.

(2) 칸(셀)으로 나뉘어 있다.

(3) 셀에는 유한개의 기호(예를 들면 A, B, C……, a, b, c……, 0, 1, 2, 3……) 중
에서 1개가 쓰여 있다.

(4) 기호가 없는 셀에는 눈에 보이지 않지만 공백(Blank)이 쓰여 있다.
공백도 기호 중 하나다.

다테이프 튜링기계의 본체(Machine)

(1) 테이프에 기호를 읽고 쓸 수 있도록 헤드를 가지고 있다.

(2) 헤드는 테이프의 어떤 셀 위에 있고 좌우로 움직이면서 그 셀의 기
호를 읽거나 쓸 수 있다.

(3) 본체 내부에 동작표를 가지고 있고 셀의 기호와 현재의 상태
(Status)로부터 다음의 상태가 결정된다.

2개의 테이프와 헤드를 가진 튜링기계의 동작표에 의한 동작(Rule)의
예는 다음과 같다.

(1) 상태수를 정한다. S(여기서는 S=S1, S2)

(2) 상태값은 a1, a2, b1, b2

(3) 테이프 상의 셀에 사용되는 기호의 종류(여기서는 0과 1)

S1, S2의 상태는 각각 a1, a2의 상태값을 가지고 있고 a1, a2 조
합의 상태값에 따라 다음의 상태가 결정되고 각 셀에 b1, b2의 값을
쓰게 된다. 헤드의 방향도 D1, D2의 값에 따라 이동하게 되며 방향
D1, D2는 L(좌), R(우)의 값을 가지고 있다.

제시된 동작표와 튜링기계의 그림을 보면서 설명하면 다음과 같
다. 예를 들어 테이프 1의 셀에는 1100이 써 있고, 테이프 2의 셀에
는 1010이 써 있다고 하자. 헤드가 현재 지정(현재 상태)하는 테이프 I,
II의 셀에서 기호 a1, a2를 읽는다. 헤드가 0, 0을 가리키고 있다).

첫 번째 스텝은 동작표를 보면 헤드가 가리키고 있는 현재 상태
(S1)에서 테이프의 셀 값(a1, a2)이 0, 0이므로 다음의 상태는 S1이 된
다. 이때 다음의 상태는 S1에서 b1, D1, b2, D2의 값이 각각 0, L, 1,
L임을 알 수 있다. 이 의미는 a1값(0)을 b1값(0)으로 바꾸어 쓰고 테
이프 I의 헤드의 방향(D1)은 왼쪽(L)으로 이동하고, a2값(0)은 b2값(1)

으로 바꾸어 쓰고 테이프 II의 헤드의 방향(D2)은 왼쪽(L)으로 이동한다는 것이다.

이때까지의 동작으로 테이프 1, 테이프 2의 셀 내용이 다음과 같이 바뀔 것이다.

11**0**0
10**1**1

두 번째 스텝의 동작은 다시 각 헤드가 가리키는 현재 상태(S1)의 각 테이프의 칸에서 기호 a1, a2(0, 1)를 읽어 다음 상태(S2)의 b1, b2(0, 0)값으로 바꾸어 주고 테이프 I의 헤드의 방향(D1)은 왼쪽(L)으로 이동하고, 테이프 II의 헤드의 방향(D2)은 0이므로 움직이지 않고 제자리의 셀을 가리킨다.

이때까지의 동작으로 테이프 1, 테이프 2의 셀 내용이 다음과 같이 바뀔 것이다.

1**1**00
10**0**1

다음 스텝(세 번째 스텝)의 동작도 마찬가지로, 각 헤드가 가리키는 현재 상태(S1)의 각 테이프의 칸에서 기호 a1, a2(1, 0)를 읽어 다음 상태(S2)의 b1, b2(1, 1)값으로 바꾸어주고, 테이프 I의 헤드의 방향(D1)

은 왼쪽(L)으로 이동하고, 테이프 II의 헤드의 방향(D2)은 오른쪽(R)으로 움직인다.

이때까지의 동작으로 테이프 1, 테이프 2의 셀 내용이 다음과 같이 바뀔 것이다.

1100

101**1**

4번째 스텝에서 현재 상태(S2)의 a1, a2는 1, 1이므로 다음 상태는 더 이상의 동작 없이 멈추게 된다. 최종적으로 테이프 1, 테이프 2의 셀 내용이 다음과 같이 바뀔 것이다.

1100

101**1**

이 예에서 TM은 동작표에 의해 동작을 반복하다가 동작이 지정되어 있지 않는 경우(예: S1의 상태값이 a1=a2=1이거나 S2의 상태값 a1=a2=1)에 튜링기계는 정지(Halt)한다. 동작표는 이해를 돕기 위해 만든 것으로 상태 S는 S1, S2, S3, S4와 같이 확장할 수 있고, 상태값도 a1, a2, a3, a4, b1, b2, b3, b4와 같이 계산용도에 따라 확장해 사용할 수 있다.

여기서 중요한 것은 S1, S2, b1, D1, b2, D2는 모두 S1, S2, a1, a2

의 조합에 의해 결정된다는 점이다. 또한 같은 조합이라면 언제라도

같은 동작을 하게 된다(결정론적).

동작 규격표

현상			동작				
현재 상태	a1	a2	다음 상태	b1	D1	b2	D2
S1	0	0	S1	0	L	1	L
S1	0	1	S1	0	L	0	0
S1	1	0	S2	1	L	1	R
S1	1	1					
S2	0	0	S2	1	L	0	R
S2	0	1	S2	1	L	1	0
S2	1	0	S1	0	L	0	L
S2	1	1					

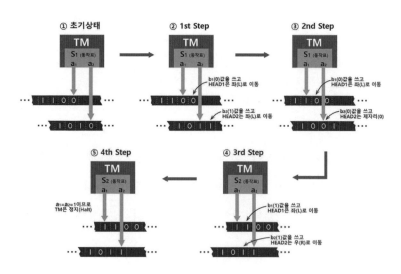

• 튜링기계의 동작

이와 같은 기본동작을 이해하면 덧셈을 하는 동작표를 만들어 덧셈도 할 수 있고 동작표에 따라 곱셈도 할 수 있게 된다. 어떤 계산을 하는 동작표를 만들지는 만드는 사람(프로그래머)의 의도에 따라 달라질 수 있다.

또한 동작원리를 확장하면 동작표가 복잡해지겠지만, 전탁이 하고 있는 계산도 가능하다.

전탁(Electronic Calculator)은 튜링기계와 마찬가지로 모든 정보가 기호적으로 표현되고 기억용량은 유한하며 동작은 결정론적이기 때문이다.

‖ 컴퓨터

우리가 현재 사용하고 있는 컴퓨터는 알고리즘으로 정의할 수 있는 그 어떤 것이라도 실행할 수 있다. 컴퓨터는 데이터(입력문)를 받으면 프로그램의 명령에 의해 메모리에 데이터를 바꾸어 쓴다. 이런 컴퓨터의 동작은 튜링기계와 비교된다.

튜링기계는 헤드가 가리키고 있는 테이프의 셀에 데이터를 읽거나 쓸 수 있는 반면, 컴퓨터의 CPU는 주소(Address)를 지정하여 해당하는 메모리의 정보(데이터)를 읽고(Read) 쓸(Write) 수 있다.

튜링기계의 기호는 프로그래밍 언어에 해
당하고 동작표는 컴퓨터의 프로그램(소프트웨
어)에 해당한다. 튜링기계의 테이프는 컴퓨터
의 메모리에 해당하고 헤드는 컴퓨터가 지정
하는 어드레스로, 어드레스가 지정하는 메모
리의 데이터를 읽거나 쓰게 된다. 컴퓨터 정
보처리의 원리도 튜링기계와 마찬가지로 처
리하고 싶은 정보는 기호(유한개, 0, 1이 아니어도
됨)를 이용하여 표현한다. 그리고 기호열을 프

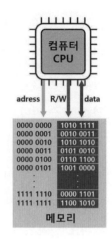

로그램에 의해 처리한다. 따라서 입력에 대하여 출력을 하는 처리능
력에 있어서 컴퓨터와 튜링머신은 동등하다고 할 수 있다.

주어진 동작표대로 한 가지 일만 하는 계산전용 튜링머신은 고정
프로그램식 컴퓨터에 해당한다. 초창기의 컴퓨터는 멀티태스킹이 되
지 않아 내장되어 있는 프로그램대로 한 가지 동작만 하고, 동작이
끝나야 다른 동작을 수행할 수 있었다.

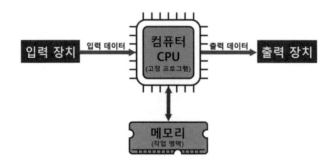

튜링기계는 단순하지만, 무엇이든 할 수 있는 만능(Universal)이다. 단순한 튜링기계는 자연대수 e를 계산하는 튜링기계와 원주율 π를 계산하는 튜링기계가 각각 있어서 다테이프 튜링머신을 이용하면 이들을 1개의 튜링머신에서 조합하여 계산할 수 있다. 그 이유는 튜링기계의 각각의 프로그램을 만능 튜링기계에서는 하나의 데이터로 취급하기 때문이다. 따라서 $\pi \times e = 8.53973422\cdots$와 같은 계산도 가능하다.

컴퓨터에는 메인 프로그램과 다수의 서브 프로그램이 내장되어 있는데 메인 프로그램이 동작 중에 필요한 서브 프로그램의 결과만을 가져다가 사용하는 것과 유사하다.

만능 튜링기계(UTM: Universal Turing Machine)는 알고리즘을 가진 프로그램 내장식 컴퓨터에 해당한다.

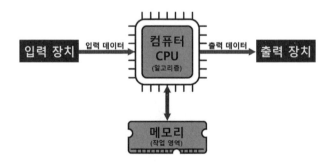

현재 우리 주위에 있는 컴퓨터들은 모두 튜링기계라 봐도 좋다. 일반적으로 비전공자에게 알고리즘이 무엇인가라는 질문을 알기 쉽게 설명하기란 여간 어려운 일이 아니다.

오늘날 우리가 사용하고 있는 컴퓨터는 프로그램을 어떻게 응용하는가에 따라 스마트폰이 되고 로봇이 되기도 한다. 초기 컴퓨터는 계산하기 위해 시작되었지만, 요즘 컴퓨터는 사용되는 제품이나 기계에 따라 계산 기능뿐만 아니라, 수많은 알고리즘을 한꺼번에 동작시킬 수 있다.

컴퓨터는 IT 시대를 거치면서 다양한 제품과 기능을 만들어 냈다. 이와 더불어 컴퓨터를 활용하면 기계도 생각할 수 있지 않을까 하는 의문은 AI를 발전시키는 데 큰 역할을 해왔다. 이러한 일에 종사하는 프로그래머들에게 있어서 계산의 개념이나 알고리즘의 중요성은 설명할 필요조차 없을 것이다.

3

사상의 표현

‖ 작가와 프로그래머

프로그래머는 '프로그램 언어'를 사용하여 다양한 시스템과 소프트웨어를 구축하는 일을 한다. IT 사회에서는 소프트웨어가 주류이기에 프로그래머의 수요가 압도적으로 많이 요구되었다. AI 시대에도 프로그래머의 역할은 너무도 중요하다.

어찌 보면 프로그래머와 작가는 매우 유사하다. 프로그래머는 컴퓨터가 이해할 수 있도록 코드를 작성한다. 규모가 큰 프로젝트의 경우 여러 명의 소프트웨어 개발자가 모여 모듈별로 프로그램을 작성하고 프로젝트 팀 구성원들이 서로 작성한 코드를 공유한다.

이와 비슷하게 작가는 독자들이 이해하고 감동을 받을 수 있게 이야기(스토리)를 만든다. 이야기는 프로그래머가 작성하는 프로그램과 유사하다. 효율이 좋고 간결한 프로그램은 팀장이 만족하고 그 결과는 소비자에게 감동을 준다. 작가와 프로그래머는 별도의 영역에서 활동하지만, 공통적으로 감동을 주는 스토리를 만드는 문제로 고민한다.

프로그래머는 프로그램의 행수를 가급적 줄여서 효율적으로 작성해야 한다. 스킬이 있는 프로그래머는 초보 프로그래머가 작성한 20행의 코드를 10행으로 줄일 수 있다. 인기 있고 유명한 작가가 초보 작가보다 문장이 간결하면서도 감동적인 스토리를 만들어 내는 것과 유사하다.

흔히 지나가는 말로 프로그래머는 코딩 작업(프로그래밍 작업)을 할 때 야간에 더 능률이 오른다고 한다. 작가도 마찬가지로 낮에는 산만하고 집중할 수가 없어 주로 밤에 활동한다는 공통점을 가지고 있다. 물론 작가가 원고마감 날짜에 임박하여 집중적으로 원고를 작성하듯이 프로그래머도 납기일자에 임박하면 아이디어가 솟아나고 분초를 다투어 납기를 맞추는 것도 유사하다.

‖ 프로그램의 척도와 생산성

스마트폰에 사용되는 안드로이드 OS는 1,000만 Line(프로그램 행수)을 넘어선 지 오래되었다. 무게와 거리를 나타낼 때는 kg이나 km 단위를 사용하지만, 소프트웨어에서는 loc(lines of code)라는 단위를 사용한다.

소프트웨어에서 1kloc(kilo lines of code)라고 하면 코드 1,000行을 의미한다. 코드는 원래 부호라는 의미이지만, 여기서는 소스 코드라는 형태의 프로그램을 말한다. 이 kloc라는 단위를 사용하면 스마트폰에 사용되는 안드로이드 OS의 프로그램은 크기가 1만 kloc가 된다. 킬로의 1,000배는 메가(m)이므로 10mloc가 된다.

프로그램의 크기를 행 단위로 계산하는 것은 예전의 펀치카드에서 사용되었을 것으로 추정된다. 지금은 펀치카드의 실체는 사라져 버렸지만, 프로그램의 크기를 여전히 행 단위로 계산하고 있다.

이와 비슷하게 작가는 원고지를 사용한다. 원고지는 보통 200자 원고지와 400자 원고지가 있다. 400자 원고지 한 장은 20행으로 되어 있다. 워드가 보급된 지금은 원고지를 많이 사용하지 않지만, 이러한 단위는 아직 쓰이고 있다. 어떤 작가가 1일 20매, 월 500매 생산한다고 하면 행수로는 1일 400행, 1개월에 1만 행이 된다. 어떤 작가는 일일 수십 매 원고, 월 수백 매 원고라는 생산량을 자랑하기도 한다.

그렇다면 프로그래머의 생산성은 어떨까?

문장과 마찬가지로 프로그램도 행수를 가지고 측정한다. 프로그래머가 사용하는 언어에 따라 다르겠지만, 초창기에 사용된 COBOL의 경우 1개월에 평균 500행 정도였다고 한다. 작가와 프로그래머의 생산량을 비교하는 것은 무리가 있지만, 이는 작가에 비하면 적은 양이다.

작가는 구상을 하고 작성 후 퇴고하는 작업을 한다. 쓰면서 생각하고 바로 고치기도 하지만, 대부분은 스토리를 구상하고 원고 작성 후 퇴고하는 작업을 하는 것이 보통이다. 프로그래머도 비슷한 과정을 거친다.

C언어를 사용하는 어떤 프로그래머가 월 5,000행을 생산한다고 해보자. 여기에는 프로그램을 작성하는 것뿐만 아니라 프로그램의 구상을 하는 일도 포함된다. 구상이 끝나면 사양을 만들어 설계하여 프로그래밍 작업을 해야 한다. 프로그래밍이 끝나면 코딩이 제대로 되었는지 테스트해야 하는데 테스트하는 시간 역시 공정에 포함된다. 테스트 작업이 끝나면 제품에 적용하여 출하되기 전까지 오류가 발생하는지 반복하여 확인 작업을 한다. 설계서와 매뉴얼을 작성하는 시간을 포함하여 모든 프로세스상의 전 공정이 포함된다는 것을 이해해야 한다. 테스트하는 집단은 별도의 전문가들로 구성되며 몇 개의 공정으로 나누어 분업하는 것이 보통이다. 이런 모든 일연의 과정을 고려하여 생산성이 나온다.

프로그래밍의 생산성은 여러 요인이 복합적으로 이루어져 있다. 프로그래머마다 개인차가 있어서 어떤 프로그래머는 똑같은 일을 하루에 완성하고, 어떤 프로그래머는 며칠이 걸리기도 한다. 그리고 전문적이고 유능한 프로그래머의 생산성은 평균적인 프로그래머보다 열 배 심지어 백 배의 차이가 발생할 수 있다.

그중 한 요인으로 프로그램 언어가 있다. 프로그램을 언어 A로 작성한 것과 언어 B로 작성하는 것의 단위 시간당 생산량이 차이 나는 것은 당연하다.

컴퓨터가 직접 처리할 수 있는 명령은 기계어라고 한다. 사람이 작성하는 프로그램 언어에서 기계어에 가장 가까운 언어는 어셈블리언어이다. 어셈블리언어는 로우 레벨 언어이고 COBOL과 C의 컴파일러 언어는 하이 레벨(고급) 언어다. 이들 하이 레벨 언어는 컴파일러라고 하는 도구를 사용하여 기계어로 번역되는데 그 1행분은 대략 어셈블리언어의 5행에 해당한다. JAVA와 같은 오브젝트 지향 언어는 특정 문제 분야에 특화된 언어로 C보다도 고급으로 그 1행은 C의 수행분에 해당한다.

프로그래머가 이러한 언어를 사용하려면 어느 정도의 기교와 기량이 요구된다. 미숙한 프로그래머가 대충 작성할 수 있는 언어가 아니다. 또한 프로그램의 생산성을 단위 시간당 개발 프로그램 행수로 측정하는 것은 적절하지 않을 수도 있다. 같은 동작을 하는 프로그램도 숙련된 프로그래머와 초보 프로그래머를 비교하면 초보 프로그래머가 작성한 행수가 많다. 그 차이는 수 배에서 수십 배까지 나기도 한다.

따라서 시간당 행수로 생산성을 측정하면 초보의 프로그램 생산성이 높기 때문에 당연히 모순이 생긴다. 행수가 많은 프로그램은 일반적으로 속도가 느려지고 에러가 발생할 리스크도 크기 때문에 이것을 프로그램 평가 척도로 사용하기에는 그다지 바람직하지 못하다.

하지만 개발 위탁의 경비 견적을 뽑을 때는 프로그램 행수당 단가를 책정하여 개발 예정의 프로그램 전체 행수에 단위(행수) 가격을 곱해서 산출하는 경우가 대부분이다. 그래서 위탁 개발자가 많은 양의 행수를 만들어 고비용을 청구하는 일도 있다. 이러한 일이 반복되면 이 업체는 당연히 개발 위탁이 줄어들게 된다.

물론 작가도 행수를 일부러 늘리거나 문장을 반복해서 사용하면서 원고료를 많이 받는 경우가 있다. 이는 결과적으로 독자에게 피해를 주고 독자층이 얇아지게 된다.

그럼에도 불구하고 지금까지 프로그램의 생산성을 측정하거나 비용 견적을 뽑을 때 프로그램의 행수를 척도로 사용해 왔고, 작가의 경우에도 원고의 행수로 원고료를 책정해 왔다.

‖ 프로그래밍

일반적으로 프로그래머는 어떤 프로젝트를 수행하려고 할 때 알고리즘을 먼저 생각해 플로우차트(Flow Chart)를 만든다. 플로우차트가 완성되면 그것을 프로그래밍 언어로 작성한 후 코딩하게 된다. 그리고 코딩이 제대로 동작하는지 확인 작업을 하게 되는데, 사양대로 동작이 되지 않으면 버그(Bug)를 찾아 수정(디버그, Debug)해야 한다. 이러한 전체 작업을 프로그래밍이라고 한다.

프로그래밍(Programming)은 프로그래머가 프로그램을 짜는 행위이고, 프로그램(Program)은 프로그래밍의 결과로 만들어진 파일을 말한다. 프로그래머가 C언어로 작성한 파일을 소스 코드라고 하고, 소스 코드는 그 자체로 실행할 수 없다. 컴파일러를 이용하여 실행 가능한 파일로 변환해야 한다. 이렇게 실행 파일 또는 바이너리 파일이라는 실행 가능한 파일을 만들어 컴퓨터에 넘기면 컴퓨터는 프로그램의 지시대로 동작을 하게 된다.

작가는 영역에 따라 시를 쓰기도 하고 소설, 에세이 등을 쓰기도 한다. 작가는 스토리뿐만 아니라, 표현 방법에도 신경을 쓴다. 요즘 '프로그래밍'을 어려서부터 배우라고 권고하는데 마치 작문을 어려서부터 시작하는 것과 같다.

시, 소설 같은 문학 작품은 표현 방법이 다양하고 재미가 있다. 똑같은 장소에서 똑같은 풍경을 작가마다 다르게 표현하듯이, 프로그램도 프로그래머마다 서로 다른 표현을 하게 된다. 동일한 목적을 위해 만들어진 코드도 프로그래머에 따라 완전히 다른 표현이 될 수 있다.

따라서 어떤 프로그래머가 작성한 코드를 다른 사람이 읽고 평가하는 것은 서로의 패턴 방식이 다르기 때문에 조금 어려울 수 있다. 초보자가 어떤 과제를 프로그램으로 작성해 놓고 시간이 지나 경험이 쌓인 후 자신이 작성한 프로그램을 평가해 본다면 본인이 작성한 프로그램이라 할지라도 많은 부분에서 이해하기 어렵고 미숙함을 느끼게 된다.

그런데 평가의 면에 있어서는 문학 작품과 달리 프로그래밍은 스스로 평가할 수 있다. '처리 시간의 속도'가 평가 항목 중 하나다. A와 같은 방법은 처리속도가 빠르지만, B와 같은 방법은 결과가 느리다는 것을 스스로 알게 된다.

그래서 목적에 따라 처리속도가 빠르고 이해하기 쉽게 작성된 코드는 다른 사람이 봐도 이해하기 쉽고 좋은 평가를 받을 수 있다. 포괄적으로 생각해 보면 최상의 표현을 했다고 할 수 있다.

아직 전문가의 수준에 도달하지 못했다고 해서 낙심할 필요는 없다. 처음에 작성된 프로그램을 반복해서 검토하고 수정하여 가장 좋은 표현을 만들어 가면 된다. 이는 마치 문서를 작성할 때 주제에 따라 문체와 문장을 여러 번 수정하는 것과 같다. 글을 잘 쓰는 사람들은 남의 문장을 보고 좋은 문장이면 기록해 두었다가 그 문장을 다듬어 자신에게 맞는 더 좋은 표현으로 수정해 써보고 자신만의 글을 만들어 낸다.

프로그래머도 처음에는 간결한 프로그램을 가져다가 실행시켜 보고 더 좋은 방법이 없는지 고민하여 수정해 볼 수 있다. 자기만의 기법으로 여러 번 시도해 보면서 시행착오를 반복하다 보면 더 좋은 표현을 만들게 되고, 점점 프로그래밍에 흥미를 갖게 되어 전문가의 길을 갈 수 있게 된다.

프로그래밍 언어는 인간의 언어와 마찬가지로 커뮤니케이션을 위한 수단이다. 프로그래밍 언어를 써서 컴퓨터를 동작시켜 결과를 출력하는 것은 인간과 기계 간에 정보를 전달하는 데 사용된다. 자신이 작성한 프로그램은 다른 사람이 읽어보고 이해할 수 있게 해야 하며, 이 또한 정보 전달의 도구로써 사용된다.

한글(자연언어)로 작성된 문장을 읽다 보면 이해하기 쉬운 문장도 있지만, 몇 번 읽어봐야 이해할 수 있는 문장도 있다. 프로그래밍 언어로 작성된 프로그램도 자연언어로 작성된 문장과 같이 이해하기 쉽게 작성된 것이 있는 반면, 어떤 프로그램은 앞뒤가 안 맞고 난해한 것도 있다.

프로그램을 읽는 사물은 컴퓨터이지만 사람일 수도 있다. 그래서 프로그램을 컴퓨터가 잘 이해할 수 있게 작성하는 것도 중요하지만, 프로그램을 인간이 읽고 이해하기 쉬워야 한다. 이러한 의미에서 프로그램은 프로그램을 작성한 본인은 물론, 다른 사람이 읽어도 이해하기 쉽게 작성해야 한다.

프로그램은 그것을 작성한 사람의 머리에서 생각한 알고리즘을 프로그래밍 언어로 작성한 것이기에 '사상의 표현'이라는 의미도 가진다.

대부분 기업체에서는 많은 프로그래머가 한 팀이 되어 공동 개발한다. 이러한 경우 다른 사람이 작성한 프로그램과 자신이 작성한 프로그램의 정합성을 이루기 위해서는 서로 다른 사람의 프로그램을 검토해 볼 필요가 있다. 또한 프로그램에 문제점과 에러가 있는지를 체크할 때도 내가 작성한 프로그램을 다른 사람이 검토할 수 있게 해주어야 한다.

현재는 소프트웨어 업무도 분업화되어 있어서 프로그램을 개발하는 팀과 테스트를 하는 팀이 따로 분리되어 있다. 이때에도 테스트팀의 인력은 개발팀이 작성한 프로그램을 읽어야 하므로 프로그래머는 항상 다른 사람이 이해하기 쉽게 프로그램을 작성해야 한다.

그리고 현재 사용되고 있는 프로그램의 기능을 확장하거나 변경하여 사용하는 경우에도, 자신이 작성한 프로그램은 물론 다른 사람이 작성한 프로그램을 읽고 이해하여 어디서부터 손을 써야 할지 판단해야 한다.

반복해서 사용되는 표준적인 프로그램의 단위는 라이브러리로 만들어져 있기 때문에 필요할 경우 이들 라이브러리를 선택하여 사용할 수 있다. 이때에도 라이브러리에 있는 프로그램의 내용을 읽고 이해하여 자신의 의도에 맞는지 확인할 필요가 있다.

‖ 프로그래밍 언어

프로그램은 우리가 커뮤니케이션(Communication) 수단으로 사용하고 있는 언어와 유사하다. 프로그래밍은 컴퓨터가 이해하는 언어로 번역하고 기술하는 일로, 우리가 외국어를 사용하는 것과 비슷하기 때문이다.

영어권에서 비즈니스를 하려면 영어로 소통해야 하므로 언어 습득이 필요하다. 어느 정도의 영어를 구사하게 되면 인사말도 하게 되고 간단한 소통도 가능하지만, 중요한 의사결정이 필요한 경우 단순한 영어를 구사해서는 비즈니스를 성공시킬 수 없다. 이때부터는 실전이 되고 현지인처럼 문화를 이해하여 영어를 구사해야 한다. 거기에 지식과 지혜를 업데이트하여 비즈니스를 성공적으로 이끌어야 한다.

프로그래밍에서도 문제 해결과 의사결정을 담당하는 책임이 있는 사람은 프로그램 언어학습 이외에도 프로그램의 목적에 필요한 별도의 지식과 사상을 표현하는 방법을 터득해야 한다.

프로그래밍 언어는 여러 개가 있어서 프로그래밍의 목적과 프로그래머에 따라 다르게 사용한다. 어떤 사람은 A라는 프로그램 언어를 사용하여 큰 방정식을 해결하고, 어떤 사람은 데이터를 분석할 때 B라는 프로그램 언어를 사용한다.

이렇게 목적에 따라 사용되는 언어도 다를 수 있다. 환경에 따라 한국어로 소통하거나 영어, 일본어로 소통하듯이 프로그램도 여러 가지 언어(C, Java, Python, Ruby…)가 사용된다. 컴퓨터는 원래 CPU(중앙처리장치)가 기계어 명령만 실행한다. 기계어는 인간이 이해하기 어려워 인간이 이해하기 쉽도록 어셈블리언어를 만들었다.

하지만 어셈블리언어는 생산성이 부족하고 난해하기 때문에 보다 추상적인 개념을 넣어 고급 언어로 진화한 것이 Fortran, Basic, C/C++, Java와 같은 것들이다. 인공지능 개발이 활발해지면서 R이나 Python 같은 언어도 사용한다. 목적에 따라 필요한 언어를 사용하고 커뮤니케이션이 원활하도록 쉬운 표현으로 작성하는 것이 중요하다.

‖ 프로그래밍의 순서

프로그래밍은 일반적으로 기획, 설계, 코딩, 테스트, 문서 작성의 단계를 거쳐 완성된다.

어떤 프로젝트가 시작되면 일반적으로 기획 단계에서 그 기능을 구체적으로 생각하고, 예상되는 문제를 분석하여 어떻게 프로그램을 구성해야 할지 고민해야 한다.

설계 단계에서는 어떠한 처리 순서와 데이터 구조를 사용할 것인지 프로그램 설계서를 만든다. 코딩 단계에 들어가기 전에 어떠한 알고리즘으로 프로그램을 짜면 좋을지 생각하고 플로우차트와 처리 순서를 만든다. 이후에 플로우차트와 처리 순서를 프로그램 언어로 작성하는 코딩 단계로 들어간다. 코딩이 완성되면 자신이 만든 프로그램에 오류가 없는지 버그를 찾아 수정하며 정상적으로 동작하는지 확인한다.

> **프로그래밍의 순서**
>
> 기획 → 설계 → 코딩 → 테스트 → 문서 작성

팀 단위로 진행되는 커다란 프로젝트에서는 팀 구성원이 각각 작성된 코드를 모아서 결합하는 단계로 들어간다. 통합된 코드가 정상적으로 동작하는지 시험하고 버그를 찾아 디버깅하는 단계를 거쳐 실험실이 아닌 실제의 환경에서도 이상이 없는지 환경 테스트 단계에 들어간다.

환경 테스트가 이상 없이 끝나면 도큐먼트를 작성하고 사용 설명서를 만들게 된다. 이런 과정으로 하나의 사이클이 끝나게 된다.

제품에 적용할 때는 별도의 과정을 거쳐 출하하게 된다. 프로그래머는 상용화 이후에 문제점이 발생하면 원인을 찾아 분석하고, 그 결과를 제품에 다시 적용하여 문제가 없도록 조치를 취해야 한다. 또한 최초로 적용되어 출하된 소프트웨어 버전을 v1.0이라 하고 디버깅된 소프트웨어를 v1.1 등으로 버전업 하여 코드를 관리해야 한다.

4

문제를 해결하는
사고방식

‖ 알고리즘

우리 주변에는 여러 가지 형태의 컴퓨터가 있다. 데스크톱, 노트북, 스마트폰, 게임기에도 컴퓨터가 들어가 있고 냉장고와 같은 가전제품에도 컴퓨터가 내장되어 있다.

컴퓨터를 어떤 목적으로 사용할지는 사람마다 다르다. 데이터를 검색하거나 음악을 청취할 때 사용하기도 한다. 또, 게임을 하거나 3D프린터로 입체물을 만들 때 사용하기도 한다. 이들의 공통점은 모두 문제를 해결하기 위해 사용한다는 것이다.

여기서 문제란 계산이나 어려운 수학 문제일 수도 있으나, 크게 보면 '인간의 욕구'를 문제로 볼 수 있다. 데이터를 검색하는 것과 음악

청취, 게임 등은 모두 인간의 욕구를 만족하게 하기 위한 것들이다.

이렇게 문제를 해결하려고 컴퓨터를 사용하게 되는데 컴퓨터는 프로그램에 의해 동작을 하게 된다. 동작에 따라 여러 종류의 프로그램이 있어서 컴퓨터는 다재다능한 일을 할 수 있다.

문제를 해결하도록 프로그램을 만드는 것은 알고리즘의 역할이다. 프로그래밍 언어를 사용하여 생각 없이 직접 문제의 해결 방법을 찾으려고 하면 주먹구구식으로 찾게 되어 해결하기가 쉽지 않다. AI를 이용하여 바둑 게임을 만들 때 필요한 것은 프로그래머가 바둑의 룰(규칙)을 알고 있어야 한다. 문제를 제대로 해결하려면 어떤 방법으로 풀어나갈지 머릿속에서 생각을 먼저 해야 하는데 이렇게 프로그래밍하기 전에 생각하여 정리하는 것이 알고리즘이다. 생각을 정리할 때 머릿속에 있는 것을 글로 써서 표현할 수도 있고, 나만 알 수 있는 의사 언어를 사용할 수도 있지만, 보편적으로는 흐름도(플로우차트)를 사용한다.

플로우차트는 기본적으로 순차처리와 선택처리, 반복처리라는 3개의 구조로 되어 있다. 이 3개의 구조를 기본으로 하여 다양한 형태의 플로우차트를 만들 수 있게 되며, 알고리즘의 기본 원칙을 이해하는 데 매우 중요하다.

화면에 10, 9, 8, 7, 6, 5, 4, 3, 2, 1이라는 숫자를 차례대로 출력하기 위해서 순차처리와 선택처리, 반복처리라는 구조를 사용한 플로우차트는 다음과 같이 만들어 볼 수 있다.

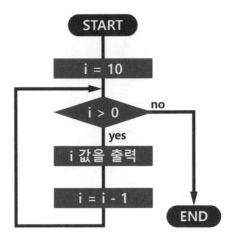

이들 순차처리와 선택처리, 반복처리의 각 알고리즘의 예를 플로우차트와 Python의 프로그램을 이용하여 알아보자.

1) 순차처리(Sequential Algorithm)

순차는 일련의 단계를 순서대로 실행되는 처리 구조다. 각 단계는 이전 단계가 완료된 후에 실행되며, 문제를 해결하기 위해 하나씩 단계를 거쳐 최종 결과를 출력한다. 123×456의 계산을 플로우차트로 그려서 Python의 프로그램을 실행시켜 보면 다음과 같다.

· Flow Chart

```
Python 3.10.4 (tags/v3.10.4:9d38120, Mar 23 2022, 23:13:41) [MSC v.1929 64 bit (AMD64)] on win32
Type "help", "copyright", "credits" or "license" for more information.
>>> a=123
>>> b=456
>>> print(a*b)
56088
>>> ▄
```

· Python

2) 선택처리(Selection Algorithm)

선택처리 알고리즘은 주어진 입력 데이터에 대해 여러 가지 가능한 경우의 수 중에서 하나를 선택하는 구조다. 예를 들어 요즘은 지방 자치가 잘되어 있어 박물관이나 유원지에서 지역 주민에게는 입장료를 50%만 받는다든가 65세 이상의 경우 우대 할인을 해주는 제도가 있다. 이러한 조건에 따라 입장료의 종류를 나뉘어 판정하는 플로우차트를 그려볼 수 있다. 간단한 예로 65세 이상이면 Senior

Citizen Discount, 그렇지 않으면 General Public이라고 프린트하는

플로우차트와 Python의 프로그램을 실행시켜 보면 다음과 같다.

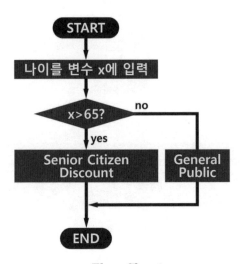

• **Flow Chart**

```
Python 3.10.4 (tags/v3.10.4:9d38120, Mar 23 2022, 23:13:41) [MSC v.1929 64 bit (AMD64)] on win32
Type "help", "copyright", "credits" or "license" for more information.
>>> x=68
>>> if x>65:
...     print("Senior Citizen Discount")
... else:
...     print("General Public")

Senior Citizen Discount
>>>
```

• **Python**

시대전환, 소프트웨어와 인공지능

반복처리는 처리를 반복하여 실행하는 루프(Loop) 구조다. 1부터 10까지 차례로 출력하도록 하기 위해 Counter 변수를 이용한 반복 구조의 플로우차트와 Python의 프로그램을 실행시켜 보면 다음과 같다. 변수 i의 값을 반복구조의 초기치부터 시작하여 1씩 증가시키면서 10보다 커질 때까지 반복한다.

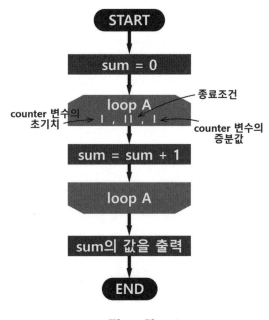

· Flow Chart

- Python

지금까지 많은 소프트웨어 개발자는 C 또는 C++, Java를 대부분 사용해 왔다. 최근에는 인공지능 개발 프로그램 언어로 Python을 주로 사용한다. 어떤 프로그램 언어에 익숙해지면 다른 언어를 사용할 때 혼동하기 쉬운 것들이 몇 개 있다.

C 또는 C++, Java를 사용하는 개발자가 Python을 사용하려고 할 때 코드 블록(Code Block)과 들여쓰기(Indentation)를 주의해서 사용해야 한다. Python에서는 코드 블록의 표기는 들여쓰기를 하고 C와 Java와 같은 언어에서는 어떤 코드들이 하나의 블록이라는 것을 표시하기 위해 중괄호(소괄호는 ( ), 중괄호는 {})를 사용한다. Python에서 들여쓰기하지 않으면 에러가 발생하므로 주의해야 한다. 또한 들여쓰기를 할 때 Tab과 Space 키를 혼용해서 사용해도 에러가 발생한다.

Python의 경우

x=68

if(x>65):

       print("Senior Citizen Discount");

Else:

       Print("General Public");

C의 경우

x=68

if(x>65){

       print("Senior Citizen Discount");

}

Else{

Print("General Public");

}

‖ 알고리즘의 중요성

우리가 이미 알고 있듯이 컴퓨터는 인간이 할 수 없는 방대한 계산과 데이터 처리를 순식간에 해준다. 이것을 가능하게 하는 것이 바로 알고리즘이다. 코딩을 열심히 배워도 알고리즘을 모르면 컴퓨터가 실행되도록 프로그램을 짜는 것이 어려울 수 있다.

프로그램의 언어를 어느 정도 알고 개발환경의 사용 방법도 이해하고 있어도 자기만의 오리지널 프로그램을 짜는 것은 쉽지 않다. 그 원인은 알고리즘이 보이지 않기 때문이다. 알고리즘을 컴퓨터의 구조를 알아야 하는, 혹은 수식을 조합한 어려운 것으로 생각하겠지만, 사실은 우리 주변에서도 얼마든지 알고리즘을 찾을 수 있다.

알고리즘은 컴퓨터에만 사용되는 특별한 것이 아니다. 우리의 일상생활에도 알고리즘은 있다. 어렸을 때 한 번씩 해본 스무고개라는 게임도 일종의 알고리즘이라고 할 수 있다. 상대방의 머릿속에 있는 것이 '의자'라고 하면 20번의 질문을 통해 알아맞히는 일종의 연상 게임이다. 전혀 감이 없고 추측 불가능하므로 "생물이야? 무생물이야?"라고 20번 중의 한 번 질문을 한다. 상대방이 무생물이라고 답하면 두 번째 질문부터는 생물에 대한 답은 배제하면 된다. 집 안에 있는지를 두 번째 질문하고 집 안에 있다고 하면 집 밖에 있는 것은 배제하고 집에 있는 물건 중에서 생각하면 된다. 이런 식으로 질문을 좁혀가면서 20번 이내에 질문과 대답을 통해 '의자'라는 답을 추출하는 게임이다. 핵심을 파고드는 질문을 하면 20번까지 가지 않아도 쉽게 해답을 얻을 수 있기에 질문의 횟수는 사람마다 다를 수밖에 없다.

50이 될 때까지 배우자를 구하지 못한 친구가 혼자 살다가 어느날 중매가 들어왔다고 생각해 보자. 맞선을 보게 될 신부의 나이가 궁금해서 물어보면 "너보다 어리고 예쁜데 한번 맞춰보라"고 할 때도 알고리즘이 사용된다. 우선, 현재 알려진 나이는 자신보다 어리다. 즉, 50 미만이다. 그렇다고 49살인가라고 물어보고 그렇지 않다고 하면 한 살 내려서 그럼 48살이구나 하고, 이것도 아니면 47살, 46살… 이렇게 차례대로 물어보는 일은 없을 것이다.

이때 적당히 20세에서 50세의 중간 정도의 나이인 35세를 제시하면서 이보다 많은지 적은지 물어본다. "35세 이상이니?"라고 물었을 때 35세 이상이라는 대답을 들으면 한 번에 35세 이상에서 50세 미만이라는 것을 알 수 있다. 다시 35세에서 50세의 중간인 42세를 기준으로 "그럼 42세 이상이니?"라고 물어보고 그렇다는 대답을 들으면 옵션이 42세 이상으로 좁혀지게 된다.

우리는 나이를 추출하기 위한 방법과 수순으로 탐색 알고리즘을 사용했는데 탐색 알고리즘에는 선형 탐색과 2분 탐색이 있다.

앞서 제시한 나이 추측 게임의 예에서 50세 미만부터 1살씩 낮춰서 해답을 찾는 것을 선형 탐색(Linear Search)이라 한다. 이것은 시간이 걸리지만 해답은 찾을 수 있다. 단, 운이 나쁘면 n회를 반복하여 제일 마지막에 정답을 맞히게 된다.

좀 더 쉽고 빠르게 찾는 방법으로는 2분 탐색법(Binary Search)이라는 알고리즘이 있다. 2분 탐색법은 선형 탐색과 달리 미리 데이터를 정렬해 두면 빨리 찾을 수 있다. 정렬된 데이터의 가운데 있는 데이터와 비교하여 가운데보다 앞에 있는지 뒤에 있는지 알 수 있다. 선형 탐색은 최악으로 n회 반복하여 정답을 구하겠지만, 2분 탐색법은

$log^{(n)}$회 만에 정답을 구하게 될 것이다.

오늘날 세계는 이미 알고리즘을 사용한 많은 시스템이 있다. 자동차 내비게이션 시스템을 이용하면 어디에 있든 목적지로 가는 경로를 표시하며, 은행 계좌에서 현금을 인출할 때도 알고리즘에 의해 지원된다.

실생활에도 필요한 알고리즘은 다양하다. 간단한 사례를 살펴보자. 주말 주택을 구입하여 한적한 곳에서 전원생활을 할 때 풀과의 전쟁이 시작된다. 주택 주변에 있는 잡초들을 제거하기 위해 제초제를 사용하는데 제초제에 물을 섞어 사용한다. 제초제를 구입하면 보통 가루로 되어 있고 5g, 10g, 20g 용량이 표시된 스푼이 제공된다.

이때 비어있는 5리터 생수병과 3리터 생수병이 있다고 하자. 제초제 10g에 4리터의 물을 섞어서 사용한다고 할 때 눈금 없는 2개의 생수병 용기를 사용하여 4리터의 물을 만들어야 한다. 대부분의 경우 대충 눈대중으로 4리터를 만들어 사용하지만, 프로그래머라면 알고리즘을 사용하여 정확하게 4리터를 만드는 치밀함을 가져야 한다.

구매해서 사용했던 5리터 생수병과 3리터 생수병에는 눈금이 없다. 여기서는 이해하기 쉽게 설명하기 위해 눈금을 표시했다.

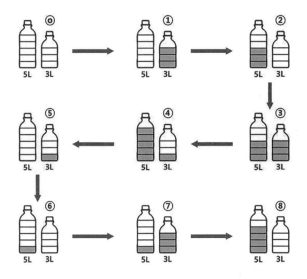

1) 3리터의 생수병에 물을 채운다.

2) 채워진 3리터 생수병의 물을 5리터의 생수병에 붓는다.

3) 다시 3리터 생수병에 물을 채운다.

4) 채워진 3리터 생수병의 물을 5리터의 생수병에 붓는다.

5) 이때 5리터 생수병에 3리터가 들어 있으므로 2리터가 더 들어

가고 3리터 생수병에는 1리터의 물이 남게 될 것이다.

6) 5리터 생수병의 물을 다 버리고 3리터 생수병에 있는 1리터의

물을 붓는다.

7) 다시 3리터의 생수병에 물을 채운다.

8) 3리터의 물을 5리터의 생수병에 부으면 최종적으로 원하는 4리

터의 물을 얻을 수 있다.

이것은 여러 방법 중 한 가지며, 각자 다른 알고리즘으로 4리터의 물을 만들면 된다.

‖ 알고리즘의 평가

알고리즘은 어떤 문제를 해결하기 위해 필요한 처리와 순서를 말한다. 곱셈, 나눗셈 같은 계산이나 방정식을 푸는 순서도 알고리즘이고, 컴퓨터상에서 어떤 문제를 해결하기 위해 실행시킨 처리와 순서도 알고리즘에 해당한다.

알고리즘은 '좋은 알고리즘'과 '나쁜 알고리즘'이 있다. 이들의 판단 기준으로는 실행 효율과 개발 효율이 있는데, 좋은 알고리즘을 사용하여 작성된 프로그램을 실행시켜 보면 처리속도가 빠르고 메모리의 사용량이 적은 것을 알 수 있다. 또한 프로그램 개발 측면에서도 좋은 알고리즘은 코드가 복잡하지 않고 단순하며 계산 결과의 오차가 없다는 것을 알 수 있다. 이러한 좋은 알고리즘은 어떤 하나의 문제 해결뿐만 아니라 여러 문제에 적용하여 응용할 수 있다.

어떤 알고리즘으로 해답을 구하려고 할 때, 그 알고리즘이 잘되었는지(Good) 나쁜지(Bad)를 판단하려고 하는 경우 계산 시간이 평가 기준이 된다.

일반적으로 프로그램을 실행하여 그 결과가 나올 때까지의 시간이 짧으면 짧을수록 좋기 때문에 계산 시간이 적은 알고리즘을 좋다고 평가한다.

1부터 100까지 차례대로 덧셈을 할 때 1+2+⋯+100까지 99회의 덧셈을 통해 얻는 방법이 있고, (1+100)×(100/2)의 연산 3회로 얻는 방법이 있다. 99회의 덧셈을 통해 얻은 결과나 3회의 연산으로 얻은 결과는 똑같지만, 일반적으로 3회의 연산으로 얻은 결과를 선호하게 된다.

4차의 다항식 $p(x)=ax^4+bx^3+cx^2+dx+e$(a, b, c, d, e는 정수)가 주어졌을 때 입력 x_0에 대하여 $p(x_0)$의 값을 구하는 알고리즘은 방법에 따라 계산 시간이 달라질 수 있다.

계산 방법 A는 x에 x_0값을 직접 대입해 곱하기를 10번 해야 하고, 이것을 4번 더하여 정답을 얻게 된다. 계산 방법 B는 곱하기를 4번 하고 이것을 4번 더하여 정답을 얻게 된다.

계산 방법 A

$p(x)=ax^4+bx^3+cx^2+dx+e$에서 x 대신 x_0값을 대입하면
$p(x_0)=a(x_0)^4+b(x_0)^3+c(x_0)^2+d(x_0)+e$가 되고 다음과 같이 계산할 수 있다.

$X=a(x_0)(x_0)(x_0)(x_0)$(곱셈 4회)

$Y=b(x_0)(x_0)(x_0)$(곱셈 3회)

$Z=c(x_0)(x_0)$(곱셈 2회)

$W=d(x_0)+e$(곱셈 1회, 덧셈 1회)

따라서 정답은 $p(x_0)=X+Y+Z+W$(덧셈 3회)로 총 곱셈 10회, 덧셈 4회가 된다.

계산 방법 B

$p(x)=ax^4+bx^3+cx^2+dx+e$에서 x 대신 x_0값을 대입하면

$p(x_0)=a(x_0)^4+b(x_0)^3+c(x_0)^2+d(x_0)+e$가 되고 다음과 같이 계산할 수 있다.

$X=a(x_0)+b$(곱셈 1회, 덧셈 1회)

$Y=X(x_0)+c$(곱셈 1회, 덧셈 1회)

$Z=Y(x_0)+d$(곱셈 1회, 덧셈 1회)

따라서 정답은 $p(x_0)=Z(x_0)+e$(곱셈 1회, 덧셈 1회)로 총 곱셈 4회, 덧셈 4회가 된다.

4차 다항식을 n차의 다항식으로 확장하여 계산량을 비교해 보면 n의 값이 커지면 커질수록 방법 A와 방법 B의 연산 횟수의 차이가 더욱 커진다는 것을 알 수 있다.

방법 A

p(x)=$a_nx^n+a_{n-1}x^{n-1}+a_{n-2}x^{n-2}+a_{n-3}x^{n-3}$+⋯⋯⋯⋯$a_1x^1+a_0x^0$에서 x 대신 x_0값을 대입하면

p(x_0)=$a_n(x_0)^n+a_{n-1}(x_0)^{n-1}+a_{n-2}(x_0)^{n-2}+a_{n-3}(x_0)^{n-3}$+⋯⋯⋯⋯$a_1(x_0)^1+a_0$

가 되고 다음과 같이 계산할 수 있다.

b_n=$a_n(x_0)(x_0)(x_0)(x_0)(x_0)$⋯⋯$(x_0)$($a_n$에 n개의 x를 곱하는 곱셈은 n회가 필요하다)

b_{n-1}=$a_{n-1}(x_0)(x_0)(x_0)(x_0)(x_0)$⋯⋯$(x_0)$($a_{n-1}$에 n-1개의 x_0를 곱하는 곱셈은 n-1회가 필요하다)

⋯⋯⋯⋯

b_2=$a_2(x_0)(x_0)$(a_2에 2개의 x_0를 곱하는 곱셈은 2회가 필요하다)

b_1=$a_1(x_0)+a_0$(a_1에 x_0를 곱하는 것으로 곱셈은 1회, 덧셈 1회가 필요하다)

따라서 정답은 p(x_0)=$b_n+b_{n-1}+b_{n-2}$⋯⋯⋯⋯b_2+b_1(덧셈 n-1회)로 n차 다항식의 값을 계산하는 경우 총 곱셈 n(n+1)/2회, 덧셈 n회가 필요하다.

$p(x)=a_nx^n+a_{n-1}x^{n-1}+a_{n-2}x^{n-2}+a_{n-3}x^{n-3}+\cdots\cdots\cdots a_1x^1+a_0x^0$에서 x 대신 x_0값을 대입하면

$p(x_0)=a_n(x_0)^n+a_{n-1}(x_0)^{n-1}+a_{n-2}(x_0)^{n-2}+a_{n-3}(x_0)^{n-3}+\cdots\cdots\cdots a_1(x_0)^1+a_0$

가 되고 다음과 같이 계산할 수 있다.

$b_{n-1}=a_n(x_0)+a_{n-1}$(곱셈 1회, 덧셈 1회)

$b_{n-2}=b_{n-1}(x_0)+a_{n-2}$(곱셈 1회, 덧셈 1회)

$\cdots\cdots\cdots$

$b_2=b_3(x_0)+a_2$(곱셈 1회, 덧셈 1회)

$b_1=b_2(x_0)+a_1$(곱셈 1회, 덧셈 1회)

따라서 정답은 $p(x_0)=b_1(x_0)+a_0$(곱셈 1회, 덧셈 1회)로 총 곱셈 n회 덧셈 n회가 된다.

결론적으로 정리해 보면, n차 다항식에서 n의 값이 커지면 커질수록 방법 A와 방법 B의 연산 횟수의 차이가 커지는 것을 알 수 있다.

	곱셈수	덧셈수	n=10일 때			n=100일 때		
			곱셈	덧셈	합계연산수	곱셈	덧셈	합계연산수
방법A	$n(n+1)/2$	n	55	10	65	5050	100	5150
방법B	n	n	10	10	20	100	100	200

프로그래머마다 각자의 생각을 가지고 있기 때문에 알고리즘에 따른 결과도 다르게 나타나게 된다.

‖ 라이브러리

인간이 일상생활 속에서 문제를 해결하는 방법에는 여러 가지가 있다. 예전에는 문제의 해결 방법 중 하나로 선생님이나 똑똑한 친구에게 물어보기도 하고, 도서관(Library)에 가서 원하는 데이터가 있는지 찾아보았다.

어떤 과정을 통해 문제를 해결할 것인지의 여부는 각자 자기만의 방법이 있을 것이다. 그렇지만 실무에서 프로그램을 짤 때 처음부터 스스로 모든 것을 알고리즘으로 생각하는 것은 간단하지 않다. 그래서 다른 사람이 만들어 놓은 알고리즘을 일부 이용하게 된다. 똑똑한 사람이 문제를 해결할 때 이미 만들어 놓았기 때문에 이들은 프로그램으로 이미 증명이 된 알고리즘이다. 이것을 라이브러리라고 한다. 마치 도서관에 책과 논문 등 대량의 데이터가 쌓여 있는 것처럼, 라이브러리는 용도와 목적에 따라 편리하게 가져다 사용하면 된다.

그러나 라이브러리를 그대로 가져다 사용한다고 해서 모든 문제를 해결할 수 있는 것은 아니다. 새로운 문제나 구체적인 문제점 등은 기존의 라이브러리만으로는 해결할 수 없고, 문제 해결에 딱 맞는 라이브러리를 찾기도 어렵다.

이럴 때 필요한 것이 잘 짜여 있는 라이브러리나 알고리즘을 먼저 이해하고 활용할 수 있는 방안을 찾는 것이다. 어떤 알고리즘이 처음에는 복잡해 보여도 그 안을 자세히 들여다보면 여러 알고리즘의 조합으로 이루어진 것을 알 수 있다. 간단한 여러 개의 알고리즘을 조합하여 더 강화된 알고리즘을 만들었기 때문에 마치 거대하고 복잡한 하나의 알고리즘처럼 보일 뿐이다.

이미 증명된 라이브러리와 잘 짜여진 알고리즘의 구조를 이해하고 본질을 몸으로 익히게 되면, 이들을 응용하여 자기만의 고유한 알고리즘을 만들어 낼 수 있게 된다.

5

소프트웨어와
프로그램

‖ 소프트웨어 처리의 개념

소프트웨어 처리는 정보를 처리하는 디지털 개념이다. 예를 들어 인간이 숫자 100을 입력하면 컴퓨터는 숫자 1100100으로 변환하고 처리한다. 이것이 디지털 소프트웨어 개념이다. 컴퓨터 소프트웨어는 궁극적으로 바이너리로서 0과 1, 두 숫자로만 이루어진 이진법(二進法)을 의미한다. 컴퓨터 언어는 기계어(機械語)가 사용되며 CPU가 직접 해독하고 실행할 수 있는 비트 단위로 사용된다.

여기에서 기계어라고 하는 것은 CPU가 직접 사용하는 명령어를 말한다. 인간이 읽고 쓰기 위한 형식이 아닌, 기계가 인식하기 위한 데이터의 조합으로 이루어져 있다. CPU가 직접 실행하는 형식이므로 필연적으로 CPU의 종류만큼 기계어도 종류도 있다. 예를 들어 Z80 CPU에서 1+2를 실행하는 기계어는 다음과 같다.

3E
01
C6
02

이러한 각 명령어를 사람이 직접 읽고 써서 컴퓨터를 제어할 수 있도록 만든 표기법이 어셈블리언어이다. 위의 1+2를 실행하는 기계어를 어셈블리언어로 표기하면 다음과 같다.

LD A, 01
ADD A, 02

어셈블리언어는 기계어와 1대1로 대응되어 있기 때문에 기본적으로 완전한 가역이라 할 수 있다. 어셈블리언어는 로우 레벨 수준(Low Level) 언어로 몇 행이 되지 않는 간단한 프로그래밍은 가능하지만, 수백만 행 또는 수천만 행이나 되는 방대한 프로그램을 어셈블리언어로 작성하는 것은 거의 불가능하다.

그래서 CPU와 관계없이 인간 시점에서 프로그램을 작성할 수 있도록 만든 것이 하이 레벨 수준(High Level) 언어이다. 하이 레벨 언어로 작성된 프로그램은 CPU가 이해하도록 기계어로 바꾸어야 하는데, 이 변환 프로그램을 컴파일러라고 한다. 보통은 변환하면서 리얼타임으로 실행되도록 이루어져 있기 때문에 이것을 인터프리터라고 부른다. 우리가 보통 사용하는 C, C++ 같은 프로그램 언어는 이와 같은 고급 수준의 언어라고 보면 된다.

‖ 소프트웨어와 프로그램의 차이

소프트웨어는 보통 어떤 기능을 하나로 통합하여 제공하게 되는데 Microsoft Office, Acrobat Reader, Windows, Internet Explorer, Firefox, Mozzila 등이 우리가 잘 알고 있는 유명한 소프트웨어다. 이들 소프트웨어는 여러 개의 프로그램으로 구성되어 있다. 즉, 프로그램이 복수 개가 모여서 1개의 소프트웨어를 구성한다고 보면 된다.

프로그램 개발용 언어는 Basic, Java, C++, Python 등 다양하며, 소프트웨어를 사용하는 사용자는 어떤 프로그램 언어로 어떻게 구성되어 있는지 의식할 필요 없이 사용하게 된다.

이처럼 소프트웨어는 프로그램을 가지고 있고, 프로그램의 일종으로 소스 코드가 있다. 컴퓨터가 실행하기 위한 명령어로 작성된 것을 프로그램이라 하고, 프로그래밍은 프로그램을 짜는 것(작성하는 것)을 말한다. 여기서 프로그램을 짜는 것은 프로그래머(소프트웨어 엔지니어)로서 프로그래밍 언어를 사용하여 프로그램을 작성한다.

프로그래밍은 프로그램을 만드는 전체 프로세스를 말하는데 프로그래밍 작업 중 일부에는 소스 코드를 만드는 코딩 작업이 있다고 보면 된다.

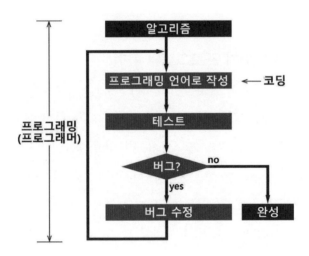

초기의 컴퓨터 시대에는 시스템을 개발할 때 프로그래머와 Coder, Puncher가 각각 역할이 달랐다. 당시에 프로그래머는 목적을 달성하기 위해 로직을 플로우차트로 작성했고, Coder는 플로우차트를 보고 코딩용지에 COBOL과 같은 프로그래밍 언어를 이용하여 프로그램을 작성했다.

Puncher는 코딩용지를 보고 펀치카드를 만들었다. 펀치카드는 프로그램에 따라 한 장에서 수백 장까지 사용되었고 오퍼레이터는 컴퓨터에 펀치카드를 입력하여 그 결과를 출력했다. 지금은 대부분의 프로그래머가 프로그래밍과 코딩을 동시에 작업하고 있다고 볼 수 있다.

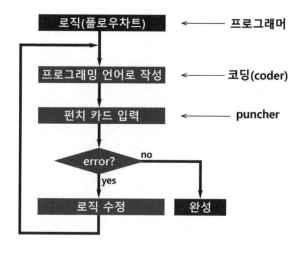

소프트웨어 내부의 세계와 시대전환

① 소프트웨어가 지배하는 세상

‖ 하드웨어(Hardware)와 소프트웨어(Software)

우리는 서로 만나서 나누는 이야기를 회화(會話)라고 한다. 회화는 주로 얼굴을 보면서 자신이 가지고 있는 의견이나 생각을 주고받을 때를 말한다. 반면 멀리 떨어져 있어 보이지 않는 곳에 있는 상대방에게 정보나 생각을 보내는 것을 통신(Communication)이라고 한다. 통신의 수단으로는 언어와 문자, 도구가 사용된다.

유선 통신이 등장하기 전에 팽팽한 끈을 이용한 소리 전달 시험을 했는데, 팽팽한 줄의 양쪽에 종이컵을 연결한 후 한쪽 종이컵에서 소리를 내면 종이컵의 바닥이 진동하면서 실을 통해 다른 쪽 컵의 바닥도 진동하게 된다. 이것이 공기를 진동시켜서 소리를 전달하는 실 전화기의 원리다.

· 실 전화기

최초의 원거리 유선 통신은 1837년 모르스(Samuel Finley Breese Morse)가 발명한 전신기였고, 이후 1876년 벨(Graham Bell)이 전화기를 발명하여 음성통신이 성공하면서 지금의 전화 통신이 이루어졌다.

사람이 말을 하면 공기의 진동이 발생하고 이는 진동판으로 전달되어 자석으로 이루어진 코일이 진동하면서 전류가 발생한다. 전류 신호는 전선을 따라 흐르고 전선이 연결된 다른 편의 코일을 진동시키며 진동판이 진동하게 된다. 이는 다시 공기의 진동으로 다른 사람의 귀에 전달된다. 이렇게 벨이 발명한 전화기는 실 전화기를 응용한 것이라고 할 수 있다.

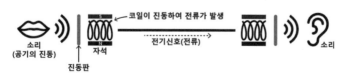

· 벨의 전화기

하드웨어는 특정한 역할이 주어진 그 자체로 존재한다. 실 전화기나 벨이 발명한 전화기는 우리가 알고 있는 소프트웨어가 들어 있지 않고 하드웨어만으로 구성되어 있다. 전화기의 톤과 펄스 신호를 발생하게 하는 회로도 역시 하드웨어다. 이들은 아날로그 개념을 기반으로 정보를 신호로 변환하는 그 자체가 아날로그로, 하드웨어를 이용하는 개념이다.

하드웨어에서 출발한 다이얼식 전화기는 디지털식 푸시 버튼 형식의 전화기로 바뀌면서 소프트웨어가 도입되었다. 이후 디지털키폰으로 발전하면서 소규모 교환기를 사무실에 도입했고, 무선 통신이 발달하면서 유선 대신 무선을 이용하게 된다.

무선을 이용한 전화기의 걸작은 역시나 스마트폰이다. 스마트폰은 하드웨어보다 소프트웨어의 영향력이 더 크다고 볼 수 있다. 스마트폰의 하드웨어를 제어하는 것은 OS와 소프트웨어이고 이 위에 각종 앱이 깔린다. 스마트폰은 항상 휴대하며 인터넷과 쇼핑, 결제도 가능한 생활필수품이 되었다.

사실 '○○ware'라는 단어는 ○○ 재질의 물건이라고 하는 의미를 가진다. 그리고 하드웨어(Hardware)는 딱딱한(Hard) 재질의 물건으로 원래 '금속제품'을 의미하지만, 어느 엔지니어가 기계 부품을 하드웨어라고 부른 이후부터 지금의 의미로 바뀌었다. 현재 우리가 일반적으로 사용하는 하드웨어는 눈으로 실제 제품을 확인하고 만져볼 수 있는 것으로 컴퓨터를 구성하는 부품을 말한다.

컴퓨터의 하드웨어는 하드 디스크, CPU, 메모리, 마더보드 및 그 래픽 보드와 같은 것으로 전원이 들어가야 동작된다. 컴퓨터를 비롯한 전자제품의 하드웨어에는 PCB기판(Printed Circuit Board: 인쇄 회로 기판)이 있으며, 그 위에는 IC(집적회로)라는 전자 부품이 장착되어 부품 간에 서로 연결되어 있다. 또한, IC라고 하는 전자 부품도 그 안에는 나노 단위의 작은 신호선으로 서로 복잡하게 연결되어 있다. PCB기판 또는 IC처럼 눈으로 보면 보이고 손으로 만져보면 딱딱하기 때문에 하드웨어(Hardware, 딱딱한 제품)라고 부르게 되었지만, 그보다는 또 다른 이유가 더 설득력이 있다.

최근에는 PC 부품을 쉽게 교환할 수 있을 정도로 저렴해서 조립식 컴퓨터도 가능해졌지만, 옛날에는 하드디스크나 반도체 칩의 메모리가 고가여서 구입 후 쉽게 교체할 수 없었다. 그리고 일반적으로 PCB기판에 있는 신호선의 패턴을 쉽게 변경하기 어려웠고 더욱이 패키지화된 IC 내부의 연결된 신호선(패턴)은 변경이 불가능하다. 이렇게 변경이 어려운 부품이나 제품이 딱딱하게 구성되어 있어서 하드웨어라고 불렀다.

하드웨어와 대별되는 소프트웨어는 보이지 않는 시스템으로 컴퓨터의 안에서 동작하는 프로그램을 말한다. 소프트웨어도 어떤 면에 있어서는 시판되는 응용 프로그램(애플리케이션)과 같이 사양을 변경하는 것이 쉽지 않은 것도 있다. 하지만 대부분의 경우 필요에 따라 소프트웨어를 설치(Install)하고 취소(Uninstall)할 수 있으며, 사용 목적에 따라 변경하여 사용할 수 있는 여지가 있다.

우리가 사용하는 스마트폰에도 소프트웨어에 문제가 있는 경우 소프트웨어를 업데이트해서 문제를 해결한다. 프로그래밍해서 스마트폰이나 전자기기를 동작시키고 문제가 발생하면 문제를 찾아 수정한 후 다시 사용할 수 있다는 의미에서 소프트웨어가 유연하다고 말할 수 있다.

인공지능 시대의 SW엔지니어는 유연한 생각을 가지고 세상을 바라보아야 한다.

‖ 정보의 흑과 백

요즘은 구글 탐색기를 사용하여 핵심단어만 입력하면 필요한 데이터를 찾아준다. 재미있는 것은 Daum이나 Naver의 첫 화면에 뉴스와 같은 기본적인 정보를 보여주는데, 정보를 얻기 위해 들어갔다가 흥미로운 기사를 보고 나도 모르게 클릭하게 되고, 실상 원하는 정보를 찾는 목적을 잊어버리는 경우도 종종 있다. 정보를 검색하려고 들어갔다가 목적을 상실하고 다른 정보를 보다가 시간을 뺏기는 경우가 생긴다는 말이다.

구글의 경우 첫 화면에 서치(Search) 창만 보여준다. 모르는 것이 있으면 생각하지도 않고 구글 서치에 입력하면 정답을 찾아준다. 예전에는 학교에서 어떤 문제가 주어질 때 스스로 생각해 보고 그래도 모르면 선생님께 질문을 해왔다. 하지만 인터넷이 발달하고 구글

같은 서치 엔진 덕분에 아무런 생각 없이 정보를 찾아 나설 수 있게 되었다. 그래서 그런지 몰라도 스티브 잡스는 아들에게 자신이 만든 스마트폰을 사용하지 못하게 했다고 한다. 생각해 보지도 않고 정보를 쉽게 수집하는 경우, 생각하는 힘이 약해진다고 해서 말이다. 최근에는 Chatbot이라는 채팅로봇과 ChatGPT가 인공지능과 결합하여 인간과 대화를 하면서 필요한 정보를 쉽고 편리하게 가져다주고 있다.

예전에는 정보를 찾기가 지금보다 훨씬 어렵고 번거로웠다. 학교에서 배우고 외우면서 학습하고, 그래도 모르겠다면 도서관에서 정보를 찾았다. 요즘은 기억하기 위한 학습이 기피되고 도서관에 가지 않고도 방대한 자료를 인터넷에서 찾아낸다.

인터넷으로 검색 가능한 지식은 일부러 기억할 필요가 없다고 하는 사람도 있다. 그렇다면 과연 IT의 발달로 방대한 정보에 빠르고 쉽게 접근할 수 있게 된 우리 인간은 예전보다 더 똑똑해졌을까?

정보가 넘쳐나는 빅데이터 시대에 적절하게 정보를 취사선택하는 일은 쉽지만은 않다. 정보에는 백과 흑이 있다. 같은 정보라 할지라도 그것을 백으로 판단할지 흑으로 판단할지는 인간이기 때문에 판단이 잘못되면 아무런 쓸모가 없게 된다.

사람에 따라서 공무원이나 대학교수직이 편하게 보일 수 있고, 반대로 대기업 사원이 힘들지만 연봉이 높으니 부러울 수도 있다. 물론 어떻게 느낄지는 그 사람의 가치관에 따라 다르다. 같은 경험을 해도 흑이 될 수도 백이 될 수도 있기 때문에 다른 사람에게 강요할 수 있는 것은 아니다. 자신이 백이라고 생각해서 흑이라고 생각하는 사람에게 그것을 강요할 수는 없다.

따라서 정보를 많이 가진 것보다 어느 것이 백이고 어느 것이 흑인지 구별하는 것이 더 중요하다. 지금처럼 정보가 넘쳐날 때 어떻게 하면 흑과 백을 구별할 수 있을까? 우선은 정보를 판단할 힘을 기르고 나서 많은 정보에 접근해 봄으로써 흑과 백을 어느 정도 구분하는 능력을 가질 수 있을 것이다. 지금처럼 인터넷을 통해 방대한 정보에 간단히 접근하면서 사물의 본질을 생각하지 않고 안이하게 정보를 믿으면 어떤 일이 벌어질지 모를 일이다.

프로그래머가 되어 프로그래밍할 때에 처음부터 순수하게 자기 생각을 가지고 코딩을 시작할 수도 있지만, 기존에 작성된 SW를 가지고 와서 거기에 자신의 생각을 더해 프로젝트에 맞게 다시 수정하는 경우가 많다. 또 납기에 쫓기다 보면 무심코 다른 사람이 코딩해 놓은 소프트웨어를 그대로 가져다 사용(Copy & Paste)하기도 한다.

앞으로 프로 프로그래머를 꿈꾼다면 정보가 흑인지 백인지 구별하는 능력을 키워서 정보를 판단하는 힘을 먼저 길러야 할 것이다. 무작정 Copy & Paste가 아니라, 자신의 머리로 생각해서 직접 프로그래밍에 접근하는 것을 신념으로 삼는 것이 무엇보다 중요한 일이다.

‖ 소프트웨어의 가치관

세상은 하드웨어에서 소프트웨어로 바뀌어 가고 있다. 자동차의 경우 개발비의 40% 이상이 소프트웨어에 사용되고 있을 정도다. 특히 임베디드 소프트웨어(Embedded Software, 특정 목적을 위해 기기 안에 내장되어 있는 소프트웨어)가 기기에 탑재되면서 산업 설비는 물론, 통신기기, 의료기기, 교통기기 등 다양한 분야에서 활용되고 있다. 또한 제조업에서 돈을 벌었던 많은 기업이 서비스업으로 전환하면서 서비스로의 소프트웨어가 늘어나고 있다. 교육, 의료, 금융, 행정, 등 모든 분야에 비즈니스 소프트웨어가 사용되고 웹 서비스를 통해 인간에게 편의를 제공하여 사회 전반적인 활동을 지원하고 있다.

넷스케이프를 창업했던 마크 앤드리슨이 소프트웨어가 세상을 갉아먹는다(Sofware is eating the world)라고 했던 것처럼 세상은 이제 온통 소프트화되어 있고 서비스화되어 가고 있다. 비즈니스와 소프트웨어는 분리될 수 없게 되었고 소프트웨어는 사람과 사회에 없어서는 안 되는 것 중 하나가 되었다.

이러한 소프트웨어의 발전 덕분에 다양한 제품을 만들 수 있게 되었고 변화의 속도는 급격히 빨라졌다. 변화의 속도가 빨라지면서 소프트웨어의 가치관도 바뀌어 가고 있다. 지금까지 소프트웨어의 가치관은 고속으로 동작시켜서 시간(CPU) 효율이 좋은(Efficiency) 프로그램을 만들고, 규모가 작은 시스템을 사용하여 자원(메모리, 외부기억장치 등) 효율이 높은 프로그램으로 동작시키는 데 있었다.

하지만 소프트웨어 제품의 현대적인 가치관은 생명과 재산을 지키기 위한 정보시스템을 만들고 의료기관이나 은행, 증권업무는 물론 보안장치, 비행기, 선박, 원자력발전과 같은 분야에서 안전하고 안심되는 소프트웨어(Security/Dependability)를 추구하고 있다. 소프트웨어의 가치관이 급격히 변하고 있는 사회와 비즈니스의 환경에 즉시 대응할 수 있도록 진화하는 소프트웨어가 필요하게 된 것이다.

그래서 코딩이나 프로그래밍 같은 스킬이 좋고 경험이 많은 소프트웨어 엔지니어일지라도 가치관의 변화에 순응하면서 그들의 마인드도 끊임없이 진화해야 하기에 소프트웨어가 어렵다고 말한다.

또 빼놓을 수 없는 변화 중 하나는 프로그래머가 소프트웨어만 열심히 하면 되는 시대는 지나갔다는 점이다. 지금까지도 제조업에서는 하드웨어 엔지니어가 중심이 되어 개발을 진행해 왔기에 하드웨어를 모르면 프로젝트의 리더가 될 수 없었다. 모든 프로세스가 하드웨어 중심으로 이루어져 있기에 소프트웨어 엔지니어는 이러한 하드웨어 중심의 프로세스를 이해하기가 쉽지 않았기 때문이다

반도체 기술은 컴퓨터 칩을 점점 더 저렴하게 만들어 왔다. 그 덕분에 세탁기나 냉장고에도 마이크로컴퓨터가 들어갈 수 있었다. 자동차에는 ECU(Electronic Control Unit, 전자제어장치)에 마이크로컴퓨터가 내장되어 버튼 터치로 차량의 창문을 여닫을 수 있다.

지금까지 하드웨어와 소프트웨어는 각자의 역할을 가지고 다양한 엔지니어에 의해 개발되었다. 이러한 이유로 하드웨어 엔지니어가

소프트웨어를 모르고 일을 해도 상관없었고, 소프트웨어 엔지니어가 하드웨어를 몰라도 업무에 지장을 받지 않았다. 그럼에도 불구하고 이들이 주도한 IT 시대는 많은 것을 만들어 냈고 호황을 누릴 수 있었다.

하지만 하드웨어와 소프트웨어를 나누는 시대는 이미 지나갔다. 자동차 분야는 전형적인 기계 산업이지만, 소프트웨어의 점유율이 높아지면서 소프트웨어 엔지니어를 대거 채용하고 있다.

한 대의 자동차에는 보통 수십 개의 ECU를 가지고 있고 고급 자동차는 그보다 훨씬 많은 ECU를 보유하고 있다. 자동차 업계는 이와 같은 컴퓨터 제어 기술을 이용해 배기가스 배출량을 줄여나가고 있다.

기계적인 대량 생산방식도 소프트웨어를 도입하여 단기간에 저렴한 자동차를 생산하는 방식으로 바뀌고 있다. 이처럼 소프트웨어를 필요로 하는 산업 분야가 늘어나면서 소프트웨어의 엔지니어가 아무리 많아도 부족한 지경이 되었다.

한편, 구글과 페이스북 같은 인터넷 서비스업체는 오히려 하드웨어 엔지니어를 찾고 있다. 요즘은 인터넷 서비스 회사들이 AI 스피커와 스마트 디스플레이와 같은 하드웨어를 설계하여 판매하는데, 하드웨어와 소프트웨어를 일체화한 제품과 서비스가 주류가 된 것이다. 이렇게 되면 하드웨어만 아는 엔지니어나 소프트웨어만 할 수 있는 엔지니어는 당연히 가치가 떨어질 수밖에 없다.

그리고 시스템 제품에서는 하드웨어와 소프트웨어를 동시에 알고 있는 설계자가 필요하다. 앞으로는 사물 인터넷(IoT)과 인공지능(AI)이 발전하면서 이들을 지원하는 시스템 제품에 대한 설계가 더욱 필요해진다.

대부분의 경우 시스템 제품에 필요한 설계는 하드웨어와 소프트웨어가 분리되어 있지 않다. 하드웨어 설계자는 소프트웨어의 내용을 이해하고 있어야 하고, 반대로 소프트웨어 설계자는 하드웨어 구조를 이해하지 못하면 시스템 제품을 설계하기 어려워진다.

한편, 제품에 오작동이 발생하면 부품 교체가 필요하지 않은 소프트웨어에 대체로 의존하게 된다. 이렇게 되면 소프트웨어 설계자의 품질 관리 능력이 중요한 요소 중 하나가 될 것이다.

시스템 제품의 전반적인 오류를 유발하는 요인에는 불확실한 요소가 많다. 실사용 환경은 개발자가 고려하기에 변수가 너무 많고 예측하기 어렵기 때문이다. 이 환경 변수들을 고려하지 않고 설계된 시스템은 내부 시험에 통과되고 품질확보를 했음에도 불구하고, 출시된 이후에 사용성의 문제로 골치 아프게 한다. 환경 변수들을 고려하지 않은 이러한 제품 대부분은 시장에 나온 이후 문제가 발생할 가능성이 크다.

고객의 관점에서 원하는 기능과 품질을 실현하려면 초기 설계 단계에서부터 많은 변수를 고려해야 하는데 하드웨어와 소프트웨어 어느 하나에 의존해서는 고품질을 실현하기 어렵다.

앞으로 제품 설계는 하드웨어와 소프트웨어를 모두 이해하고 시스템 제품에 필요한 기능과 품질을 달성할 수 있는지를 생각하는 시스템 설계자가 점점 더 많이 요구될 것이다.

프로그래머는 소프트웨어만 잘 짜면 된다는 생각을 버리고 하드웨어와 병행하여 항상 공부하면서 변화에 민감하고 유연하게 대응하는 자세를 가져야 한다.

2

자유와 의무

‖ 자유 소프트웨어(Free Software)

편의점에 가면 "2+1"이라는 눈에 띄는 문구가 있다. 2+1이라고 쓰여 있는 음료는 동일한 것을 2개 사면 1개를 덤으로 준다. 소비자들은 1개가 공짜라는 문구에 현혹되어 의도치 않게 2개를 구매하고 3개를 가져가곤 한다. 그런데 이것은 2개를 사야 한다는 조건이 달려 있기에 완전히 무료로 볼 수는 없다.

월드컵 축구 중계를 보다가 우리나라 팀이 골을 넣거나 승리할 때 주인이 한시적으로 맥주나 안주를 무료로 제공해 주는 것을 한 번쯤 경험했을 것이다. 이것은 주인의 입장에서 제공되는 무료의 개념이다.

인터넷을 통해 배포되는 소프트웨어 가운데 무료로 제공되는 것을 '자유 소프트웨어'라고 한다. 인터넷에서 개인이 만든 소프트웨어를 무료로 사용해도 된다고 하면서 자유롭게 다운로드하라고 하는데, 그들은 왜 무료로 소프트웨어를 제공하는 것일까? 개발자 입장에서는 자신이 만든 것을 대중이 사용해 보고 만족하면 소문이 날 것이고, 그렇게 여러 사람이 사용할수록 그 소프트웨어는 보편화되어 누구나 필요하게 될 수 있다. 한편으로는 자신의 능력을 대중에게 알려서 몸값을 올리기 위한 수단이기도 하다. 이와 유사하게 기업의 경우, 특정 용도의 한정판을 만들어 무료로 배포하고 다기능의 버전은 유료화하는 비즈니스 전략을 활용한다.

받는 사람의 입장에서는 이러한 소프트웨어가 공짜로 다가온다. 나에게 꼭 필요해서라기보다는 무료라고 하니까 일단 받고 보자는 공짜를 의심 없이 받아들이는 심리가 깔려 있다.

하지만 "세상에 공짜 없다"라는 말이 있다. 공짜라고는 하지만 실제로는 그 배후에 대가를 지불해야 한다는 말이다.

자유 소프트웨어를 다운로드받아서 설치할 때 Windows에서 프로그램을 실행하려고 하면 "게시자를 확인할 수 없기 때문에 Windows에서 이 소프트웨어를 차단했습니다. 그래도 이 소프트웨어를 실행하시겠습니까?"와 같은 경고 메시지가 표시되기도 한다. 이 파일이 악성 파일일 수 있다는 경고가 뜨는 것이다.

물론 모든 자유 소프트웨어가 그런 것은 아니다. 순수하게 공개된 파일은 대부분 악성 파일이 아니겠지만, 경우에 따라서는 곤경에

처할 위험이 따르므로 주의해야 한다. 자유 소프트웨어는 원래 해커 용어(무료로 제공된 소프트웨어에 문제점이 있는 것을 모르고 사용하는 유저를 대상으로 해커가 공격할 수 있기 때문이다)로 출발했다는 점을 생각해 보면 충분히 이해할 수 있다.

자유 소프트웨어는 대량의 소프트웨어가 막대한 투자에 의해 대량 생산되고 판매될 만큼 비즈니스가 될 수 있고, 사회적으로나 경제적으로 커다란 가치를 만들어 낼 수 있다. 이런 긍정적인 면이 있는 반면에 악성 파일을 담고 있는 소프트웨어가 경제적 손실, 인적 피해, 사회 문제를 가져다준다는 어두운 면도 있다.

월드컵 축구 경기에서 주인이 기분 좋아 제공하는 무료 맥주처럼 무료 소프트웨어 역시 소프트웨어 작성자의 관점이라는 것을 알고 접근해야 한다.

‖ 오픈 소스(Open Source)

프로그램을 공개한다는 측면에서 보면 오픈 소스 소프트웨어 (OSS: Open Source Software)라는 것도 있다. 이것은 프리 소프트웨어가 생긴 이후에 나왔지만, 소스 프로그램을 오픈한다는 정신은 같다. 소스 프로그램은 그야말로 프로그래머가 특정한 용도로 작성하여 동작하는 프로그램 그 자체를 말한다.

자유 소프트웨어는 말 그대로 자유롭게 가져다 원하는 것에 사용하라는 의미고, 오픈 소스 소프트웨어는 소스를 가져다 원하는 곳에 사용한 후에 사용된 소프트웨어도 공개해야 한다라는 의미다. Free라는 말은 자유이기는 하지만, 자유에는 의무가 따른다는 것이 오픈 소스 소프트웨어에 담겨 있다고 보면 된다. 이때 Copyleft라는 용어가 사용되는데, Copyleft는 프로그램 및 기타 저작물을 무료로 하고 거기에 프로그램의 수정이나 확장된 버전도 무료로 사용할 수 있도록 요구하는 것이 일반적이다.

프로그램이 공개된 대부분의 소프트웨어는 상용 소프트웨어에도 사용할 수 있다. 예를 들어 리처드 M. 스톨먼(Richard M. Stallman)이 만든 GNU("GNU's Not Unix!") 프로젝트(GNU Project)는 공개 소프트웨어 프로젝트다.

그런데 GNU가 제공하는 소프트웨어는 GPL(General Public Licence)이라고 하는 의미가 강한 제약을 두고 공개되어 있다. 여기서 제약이란 GPL의 대상이 되는 소프트웨어는 어떻게 가공하고 어떻게 다른 소프트웨어로 사용되었는지 그 소프트웨어를 공개해야 한다. 오픈 소스 소프트웨어가 가져다 쓰기는 좋지만, 그것을 사용해 만든 소스는 공개하고 싶지 않을 것이기 때문에 사용한 대가로 이런 제약을 따라야 하는 것이다.

그래서 서버의 제품에 GPL의 제약이 있는 프로그램(소스 코드)이 포함되어 있으면 그 전체를 소스 코드를 포함하여 무료로 공개할 의

무가 있다. 리눅스는 오픈 소스 소프트웨어라는 개념에서 시작한 전형적인 OSS이지만, GNU의 라이브러리와 통합하여 배포되어 있으므로 GPL에 의존한다.

그러나 모든 오픈 소스 소프트웨어가 반드시 GPL 하에서 배포되는 것은 아니다. 오히려 GPL보다 제약 조건이 적은 것이 더 많다. 이런 점에서 FSF(Free Software Foundation: 자유 소프트웨어 재단)의 무료 소프트웨어와 오픈 소스라고 하는 개념은 약간의 뉘앙스 차이가 있다.

또 오픈 소스는 소프트웨어의 형태라기보다는 그것을 만드는 프로젝트의 스타일에 가깝다. 여러 사람이 개발하여 부족한 것을 채워나가고 이들 소프트웨어를 무료로 사용하게 되면 더욱더 새로운 버전이 공개되어 새로운 기능이 늘어나게 된다.

오픈 소스 소프트웨어는 비즈니스 용어로 사용된다. 즉, 소프트웨어를 대중화하기 위한 용어로 보면 된다. 오픈 소스 소프트웨어는 생각, 철학 또는 그 뒤에 있는 가치의 감각보다는 어떤 종류의 '브랜드'라는 의미를 지닌다.

따라서 오픈 소스를 말할 때는 소프트웨어 기반 또는 사용자가 만든 측면의 관점에서 보아야 한다.

‖ 프리웨어(Freeware)

때때로 프리웨어라는 용어가 사용되기도 한다. 이 개념은 사용에 대한 보상이 필요하지 않은 '무료'에 중점을 두고 있으며 대부분은 실행 파일만 배포되어 있다. 소스 코드는 일반에 공개되지 않으므로 사용자 측에 수정 또는 통합의 자유가 없으며 재배포 등에 관한 제한(판매 금지 등)도 따른다.

3

소프트웨어 내부의 세계

‖ 버그(Bug)가 없는 프로그램

설계 사양대로 프로그램을 작성하여 컴퓨터에 실행시키는데, 간혹 내가 원하는 대로 동작이 되지 않을 때가 있다. 대부분은 프로그램에 의한 결함으로 발생한다. 이 결함을 버그라고 한다.

버그는 영어로 Bug라고 쓰며 작은 벌레를 뜻하지만, 컴퓨터의 이상 동작이나 프로그램에서 원하지 않은 결과로 결함이 생기는 것은 소프트웨어 버그라고 한다. 아마도 작은 곤충이 프로그램 안에 숨어서 코드를 갉아먹는 것과 같은 이미지를 표현한 것 같다.

프로그램이 실행될 때 버그로 인한 오류는 비정상적인 상태로 제대로 동작하지 않아 의도치 않은 엉뚱한 결과를 초래하게 된다. 예를 들어 실행 중인 프로그램이 갑자기 원하는 결과를 출력(Output)하지 않고, 때로는 종료되어야 할 프로그램이 종료되지 않거나 어디서 잘못되었는지 알 수 없는 비정상적인 상태가 있다.

프로그래머는 프로그램을 작성하면서 이 버그를 찾아내어 없애고 그 결과물로 올바르게 작동하는 프로그램을 만드는 데 시간을 쓰고 있다. 그런데 프로그램에 입문하고 나서 쉽게 좌절하는 이유 중 하나는 버그를 찾는 일이 프로그래밍의 한 과정이라는 것을 이해하지 못하기 때문이다. 때로는 아침부터 밤까지 몇 날 며칠 동안 고민하면서도 결과적으로 버그를 찾지 못해 문제가 전혀 해결되지 않는 경우가 대부분이다.

이렇게 보면 네거티브한 성격의 사람이 프로그래머에 더 적합할 수도 있다. 포지티브한 성격의 사람은 문제가 있는 사양을 보고도 의문을 가지지 않거나 버그가 있는지를 의심하지 않기 때문에 그대로 코딩한다. 프로그래밍에 있어서 모든 것을 의심하면서 일을 처리하는 것이 최선이기에 네거티브한 성격이 도움이 될 수 있다.

이 버그를 찾아내어 없애는 작업을 '디버그'라고 한다. '디버그'라는 용어는 프로그램 오류의 원인인 벌레(Bug)를 제거(Debug)한다는 의미다. 개발자들이 버그를 찾는 가장 큰 이유는 프로그램의 실행 결과에 오류가 발생하지 않도록 하기 위함이다. 이렇게 프로그램 결함을 찾아 복구하는 것을 '디버깅'이라고 한다. 즉, 원하는 방식으로 작동하지 않는 곳을 찾아 수정하는 것이다.

프로그램에 들어가는 버그는 두 가지 유형의 버그가 있다.

하나는 프로그램의 처리 방법 및 절차가 제대로 충족되지 않고 구현될 프로그램의 정의 및 사양에 대한 이해가 부족할 때 생기는 버그다. 이 유형의 버그는 알고리즘 버그라고 할 수 있다. 버그는 사양(Specification)과 관련이 있다. 사양이 정확할수록 버그는 줄어들게 되는데, 사양의 정의는 사회생활과 연결된다. 현실 세계에서는 완벽한 사양보다는 대략적이고 모호한 사양이 많아 프로그래머는 프로그래밍 행위의 매일매일이 트레이드 오프와의 싸움이 된다.

또 다른 하나는 프로그램의 처리 방법과 절차가 제대로 되어 있음에도 불구하고, 어떤 이유로 예기치 않게 동작하는 경우다. 프로그래머의 사소한 실수나 사용된 라이브러리에 대한 이해의 부족으로 인해 발생하는 것으로 이러한 버그는 기술(Technical) 버그라고 할 수 있다. 물론 두 가지 유형의 버그는 상호 배타적인 관계가 아니다.

알고리즘 및 기술 버그 이외에도 또 다른 버그가 있는데 이 두 가지 유형을 모두 가지고 있는 경계 버그다. 프로젝트 내에서 여러 프로그래머가 각자 작성된 코드에는 이상이 없으나, 이를 통합하여 하나의 코드로 만들 때 생기는 경계 버그는 이론적이고 교과서적으로 정의하기 어렵고 경험에 기반해서 해결할 수밖에 없다.

인간은 누구나 실수하므로 프로그래머라고 해서 완벽할 수 없다. 변수 이름을 잘못 배치하거나 초깃값을 설정하는 것을 잊어버릴 수도 있다. 프로그래밍에 대한 정보는 엄청나며 프로그래머가 모든 지식을 다 알고 다루는 것은 사실상 불가능할 것이다.

하지만 프로그램에 대한 사고와 인식이 부족하면 매우 치명적이다. 똑같은 것을 반복하여 실수하고도 자신의 실수를 인정하지 않고 적당히 작성하거나 사전에 깊이 생각하지 않고 프로그래밍을 한다면 문제는 커진다.

지난번에 괜찮았으니 이번에도 괜찮을 것이라는 안일한 생각으로 코딩을 작성하여 버그가 발생했다면 그 원인을 파악하기가 매우 어렵다. 자신이 원하는 결과를 얻으려면 전제 조건이 되는 변수의 정의와 프로세스를 준수해야 하고, 읽고 쓰는 데이터에 오류가 있어서는 안 된다. 실생활에서도 마찬가지이다. 원인이 있으니 결과가 나오는 것이고 공부를 안 했으니 시험 성적이 나쁜 것과 같다.

에러와 버그라는 두 단어는 비슷하지만 다른 의미를 가지고 있다. 사람의 오류는 실수를 의미한다. 시스템 개발의 오류는 '판단을 잘못한 인간의 실수'다. 인간의 실수로 프로그램이 잘못 수행되면 에러가 발생한다. 버그의 원인이 인간의 오류에 의해 발생한다고 보면 된다.

프로그램의 코드가 잘못되어 생기는 시스템 결함도 있다. 예를 들어 시스템 설계 단계에서 오류가 있는 것을 발견하지 못하고 그 설계대로 프로그래밍이 된 코드는 결함이 있는 것이다. 잘못 설계된 시스템이므로 이를 기반으로 코딩하게 되면 그 결과는 결함(버그)을 발생한다. 이 또한 에러의 한 종류로 버그를 만들게 된다.

그리고 태풍이나 많은 눈으로 인해 시스템이 제대로 작동하지 않거나 배터리 전원의 레벨이 적어 제대로 작동하지 않을 때 시스템의 오류가 발생하여 오작동을 할 수 있게 되는데 이를 장애라고 한다.

고장은 시스템을 사용할 수 없는 상태를 말한다. 즉, 시스템이 전혀 작동하지 않는 상태다. 원인은 장비의 마모 및 파손 또는 시스템 결함(버그)으로 인해 발생할 수 있는데, 시스템이 '사용할 수 없는 상태'에 있을 때 고장으로 판단된다.

버그를 줄이기 위해서는 반복적으로 테스트하는 것이 가장 좋은 방법 중 하나다. 테스트는 사람이 손으로 직접 확인할 수 있고 소프트웨어로 자동화 테스트할 수 있다.

버그를 자동으로 감지하고 수정할 수 있는 소프트웨어가 개발되고 있지만 이는 버그를 찾는 극히 일부로, 실제로는 개발자가 직접 버그를 찾아내야 한다. 프로그래밍 개발자는 설계하는 데 40%, 프로그래밍하는 데 20%의 시간을 투자하고 나머지 40%는 테스트하는 데 시간을 배분하고 있다.

요즘 자율주행, 무인공장 등 다양한 상황에서 자동화가 추진되고 있다. 그러나 컴퓨터 프로그래밍에 있어서는 자동화가 아직 완전히 실현되지 않았으며 버그가 발생하면 사람들이 직접 소스 코드를 수정하기 위해 노력한다.

기업에서는 검증부서가 따로 운영되어 버그를 찾아내고 있다. 버그를 찾기 위해 테스트하고 버그가 발견되면 수정하고, 수정된 코드에 이상이 없는지 다시 테스트한다. 하지만 그 테스트 자체에 문제가 있을 수 있어 2차 검증, 3차 검증으로 반복적인 검증을 하는 시간과 인력, 비용이 필요하다.

테스트의 약점은 어느 정도 테스트를 해야 버그가 없는지 확신할 수 없다는 것이다. 미처 테스트하지 않은 부분에서 버그가 숨어 있을 수도 있다. 그렇다고 모든 코드를 테스트하는 일은 불가능하다고 할 수 있다.

몸에는 온갖 병이 있으며 프로그램에도 여러 가지 버그 유형이 있다. 질병을 치료할 때 먼저 병의 종류를 진단하고 적당한 약이 있는지 생각한다. 버그를 다룰 때도 마찬가지로 각 사례에 대한 올바른 수정을 제안할 수 있도록 버그를 분류하고 분석해야 한다.

프로그래밍은 99%가 독학이며 경험이다. 수업 시간에 배운 것도 실제 프로젝트에서는 그대로 사용하기 어렵다. 단순한 버그는 없으며, 세미콜론이 빠져 있거나 스펠이 잘못되어 수정하는 데만 해도 1주일이 넘게 걸릴 수도 있다.

사용하는 언어는 중요하지 않다. 결국 문제를 어떻게 해결할 수 있는지가 관건이다. 프로그래머가 만든 버그가 반드시 본인의 책임이라고 단정 지을 수는 없다. 인간이 아무리 정신을 차려도 실수는 일어날 수 있다. 그래서 코딩을 하면 할수록 버그가 숨어 있게 마련이다. 프로그래머가 아무리 주의를 하고 정신을 차려도 프로그래머의 정신 상태와는 다르게 예상치 못한 곳에서 버그가 나오는 경우가 대부분이다. 그러므로 코딩을 한 당사자에게 책임을 갖게 하여 밤샘 작업을 시키는 것은 옳지 않다.

프로그래머는 서로 버그를 찾아주어야 한다. 자신이 작성한 프로그램은 확신을 가지고 있기 때문에 잘못된 부분이 눈에 잘 띄지 않는다. 바둑이나 장기를 둘 때 옆에서 훈수를 두는 사람이 당사자보다 더 잘 보는 것과 같은 이치다.

한편, 소프트웨어 개발 중에 유사한 소스 코드를 Copy & Paste 했을 때 잘못된 설명까지 복제해 버리는 사례도 프로그래밍에서는 문제가 된다.

Copy & Paste로 얻은 중복 코드인 코드 클론(Code Clone)은 복제된 소스 코드를 몇 번씩 사용하는 일이 많다. 이 때문에 Copy 자체가 잘못된 코드이면 버그투성이의 프로그램이 되어버린다. 이를 해결하기 위해 코드 클론을 감지하는 기술이 개발되었으며, 코드 클론에 특화하여 체크할 수 있다.

프로그램의 표절 여부를 판단하는 경우에도 코드 클론의 검출 기술을 사용하여 증거를 잡는다. 검출 기술은 소프트웨어 공학에 국한되지 않는다.

‖ 재현되지 않는 버그

상용화되어 출시된 제품에서 문제가 발생하면 원인을 찾아 수정해야 한다. 버그가 있다고 소비자로부터 문제가 제기되겠지만, 실제로 버그가 재현되지 않을 때도 있다. 이 경우 소비자가 거짓말을 했거나 개발자가 문제를 찾지 못한 것일 수도 있어 누군가는 억울한 상황에 놓이게 된다. 대부분의 문제 자체가 어떤 특이한 상황과 조건에서 발생할 때 이러한 버그를 재현하기는 쉽지 않다.

먼저 문제가 제기되면 소비자가 어떤 경로와 절차 중에 버그가 발생했는지 그 경로를 확인해 봐야 한다. 어떤 경우에 버그가 발생했는지 확인하다 보면 사용자(문제 보고자)가 주어진 절차를 무시하고 제멋대로 동작시켰을 수도 있다. 때로는 사용자(문제 보고자)의 착각으로 버그가 아닌 것을 버그로 인식할 수도 있다. 하지만 버그의 가능성이 있다면 버그를 처음 발견한 사람에게 직접 이야기를 들어보는 것이 좋다.

어떤 버그는 특정 환경과 타이밍에서만 발생한다. 매일 특정 시간에 이루어지는 처리 가운데 특정 조작을 하지 않으면 발생할 수 있고, 환경 설정 및 서버 설정이 동일하게 설정되지 않아 발생할 수도 있다. 또는 물리적인 장비 손상과 같은 시스템의 외부 손상 때문일 수 있다.

버그가 쉽게 재현되지 않으면 프로그램 내에 로그(Log)를 만들어서 언젠가 발생할지 모르는 상황을 로그에 기록하는 것도 방법 중 하나다. 한 번이라도 문제가 발생하면 그 데이터를 기록(Log)해 두었다가 프로그래머가 어떤 원인에 의한 것인지 확인할 때 사용할 수 있도록 미리 프로그램 내에 설치해 놓는 것이다.

이처럼 재현되지 않는 버그를 처리하는 작업은 프로그래머가 경험해야 할 중요한 일로 여겨진다.

‖ 자기 언급의 패러독스

상용화된 제품에서 버그가 발생해 소비자의 불만이 접수되면 사안에 따라 사장에게 보고될 수도 있다. 담당자들은 그 원인을 찾아 대책을 강구하느라 피곤한 시간을 보내야 한다. 이 와중에 왜 버그가 없는 프로그램을 만들지 못해 매번 시끄럽게 만드느냐고 화를 내는 임원도 있다. 그리고 버그가 없는 완벽한 코딩을 하라고 개발자를 닦달한다.

대개 이런 부류의 임원은 소프트웨어 개발 경험이 없어 버그가 없는 프로그램이 없다는 것을 인정하지 않는다. 이러한 임원이나 책임자와 함께 일하고 있다면 설득하려 하지 말고 못 들은 척 무시하는 것이 최선이다. 상대할 필요가 없다는 말이다. 그래도 이러한 일이 지속된다면 다른 부서로 옮기거나 사표를 내고 다른 회사를 찾아보는 게 좋다.

버그가 없는 프로그램은 프로그래머에게 독이 든 성배와 같다.

'버그가 없는 프로그램은 없는가?'라는 문제를 다른 방법으로 접근해 보자. 일단 문제의 범위를 좁혀서 '버그가 없는 프로그램을 짤수 있는가?'라는 질문에 대해 생각해 보자. 이 질문에 대한 대답은 "그런 것에 대해 생각할 시간이 있다면 버그가 있어도 제품을 출시하라"가 될 수도 있다.

이것은 20년 전에 이미 마이크로소프트사가 도입한 방법이다. 마이크로소프트사는 '소프트웨어가 사회에서 유용하게 사용되는가?'라는 전제로 어떤 가치를 제공하지 않으면 그 소프트웨어는 존재할 의미가 없기 때문에 버그를 찾아 없애는 일보다 사회에 유용한 프로그램을 작성하는 일에 더 큰 가치를 두고 있다.

워드, 파워포인트, 엑셀 등 마이크로소프트사의 소프트웨어를 사용하다 보면 문제점이 발견되어 마이크로소프트사에 리포트하는 경우가 있다. 세계 여러 나라에서 문제점에 대한 리포트가 접수되지만, 이들은 에러가 치명적이거나 중요도가 높은 몇 가지만을 처리하고 나머지는 무시한다고 한다.

이렇게 대응하는 이유는 소스 코드가 너무 방대하여 어디를 수정해야 할지 조사하는 것만으로도 많은 시간과 인력이 소요되기 때문이다. 또한 어딘가를 고치면 다른 곳에 영향을 줄 수 있어 수정하는 것도 생각만큼 쉽지 않기 때문이다.

구글과 페이스북 역시 버그투성이다. 이들은 이런 논쟁이 시간 낭비라고 생각한다.

버그가 없는 소프트웨어를 만들 수 없다고 이야기했지만, 사실 이것의 명제는 조금 다르다. '소프트웨어에 버그가 없다는 것을 증명할 수 없다'라는 것이 오히려 더 적합한 표현이다.

버그가 없다는 것이 입증되지 않는 이유는 튜링머신의 정지성 문제가 결정 불능 문제 즉, 유한 시간 내에는 정답을 찾지 못하는 문제이기 때문이다. 그리고 정지성 문제 시스템인 2개의 튜링머신이 동등한지(등가인지) 아닌지 판정하는 문제 역시 결정 불능 문제이다

앞서 임의의 입력 데이터에 대해 튜링머신이 정지한 후 결과를 출력하는 동작표를 가지고 튜링머신을 설명한 바 있다. 이와 같은 튜링머신을 전역적(全域的)이라 부른다. 전역적이지 않은 튜링머신을 부분적(部分的)이라 하는데 입력값에 대하여 정지하지 않고 무한루프에 빠져 반복되는 동작을 하게 된다.

지금까지 만능 컴퓨터에서도 어떤 프로그램이 전역적인지 부분적인지 판별할 수 있는 알고리즘은 없다. 이 문제를 정지성 문제라고 한다.

튜링머신은 만능이라 해놓고 정지성 문제를 언급하는 것은 일종의 창과 방패와 같은 모순으로 패러독스와 같은 것이다. 창과 방패를 파는 상인이 자기가 파는 창은 예리해서 세상에 뚫지 못할 방패가 없다고 하면서 한편으로는 자기가 만든 방패는 어떤 창이나 칼로도

뚫을 수 없다고 주장하는 것과 같은 모순을 말한다.

만능 튜링머신은 임의의 튜링머신 프로그램과 입력에 대해 모방할 수 있는 기계다. 예를 들어 어떤 튜링머신이 정지하지 않으면 이를 모방한 만능 튜링머신도 정지하지 않는 것은 당연하다. 그래서 튜링기계가 정지하지 않을 때 이를 모방한 만능 튜링기계가 정지했다고 판정할 수 없다. 왜냐하면 정지하지 않는 튜링기계를 모방하였으니 만능 튜링기계도 정지하지 않기 때문이다.

프로그래머가 버그는 반드시 있다고 하면서 대충 코딩하거나 발생된 버그에 대하여 원인을 찾지 않고 무시하는 태도를 보인다면 프로그래머로서 자질을 의심해 봐야 한다. 또 이런 생각과 태도는 똑같은 실수를 반복하게 만들어 동료들에게 피해를 줄 수 있다. 귀찮아도 여러 번 꼼꼼히 검토하고 부분적인 작은 모듈일지라도 신경을 써야 한다. 결국 프로그래머에게는 버그를 허용하지 않겠다는 마음가짐이 중요하다는 의미다.

프로그램은 코딩을 하여 실행시키게 되는데 피할 수 없는 것이 바로 버그의 발생이다. 버그를 인정하는 태도도 필요하지만 버그를 만드는 자신을 용서해서는 안 된다.

버그가 없게(Zero) 하는 방법은 없지만, 버그를 줄이는 방법은 프로그래머 자신에게 있다.

‖ 소프트웨어의 무게

IT 시대에 공간의 개념은 반도체와 전자기기를 설계하는 데 있어 가장 큰 걸림돌이었다. 반도체 메모리의 용량이 1년마다 2배씩 증가한다는 황의 법칙(Hwang's Law)이나, 마이크로칩의 밀도가 18개월마다 2배로 늘어난다는 무어의 법칙(Moore's Law)은 이미 잘 알려져 있다.

반도체 업체들은 같은 면적에 메모리 공간을 늘리고 집적화하기 위해 피나는 노력을 하고 있다. 단말기 제조업체 또한 마찬가지다. 특히 스마트폰 제조업체에서는 똑같은 부품을 쓰면서 에너지 효율은 늘리고 사이즈는 줄이려는 경쟁이 치열하다. 기판의 두께를 0.1mm라도 줄이고, 기구의 살 두께도 줄이면서 낙하 시험에 통과해야 한다. 사이즈를 줄여 한정된 공간에 부품들을 억지로 설치하면 단말 내외부에 열이 발생한다. 이 문제를 해결하기 위해 고가의 방열판을 사용하면 다시 줄여놓은 사이즈가 커진다. 그래서 방열 시트와 같은 재료를 사용하여 공간을 줄이거나 열전도 패스를 기구적으로 처리하는 노력이 필요하다.

한때 휴대폰 사이즈와 무게가 쟁점이 된 적이 있다. 그래서 '1S3L(Small size, Light, Low power, Low price)'이라는 단어가 생기기도 했다. 무게가 얼마나 중요했는지, 숙련된 엔지니어들은 휴대폰의 무게를 잴 때 저울을 사용하지 않아도 그 무게를 짐작했으며, 어떤 CEO는 손으로 들어보고 1g의 오차도 틀리지 않고 정확히 무게를 맞추기도 했다. 사이즈도 자로 재지 않아도 알 수 있을 정도로 수많은 모형을 만들어 시험했다. 사이즈를 줄이기 위해 단말기 안에 물을 부어 물의 양을 보고, 여유 공간이 남아 있다면 공간과 무게를 줄이는 노력을 했다. 마른 수건도 쥐어짜면 물이 나온다는 말이 실감 날 정도였다.

기구나 하드웨어뿐 아니라 소프트웨어의 사이즈를 줄이는 작업도 치열하다. 소프트웨어는 엔지니어의 기술에 따라 코딩한 양이 달라진다. 효율적으로 코딩하면 메모리 용량을 줄일 수 있다. 버그를 줄이고 메모리의 공간을 최대한 효율적으로 사용하기 위한 것이다. 다른 회사에서 작업한 코드를 가져다가 코드 크기를 줄여주고 돈을 받는 소프트웨어 전문회사가 있을 정도다.

어떤 소프트웨어 기술자가 신형 비행기의 초기 개발 프로젝트에 참가했다. 이 당시 비행기의 개발에서는 모든 중량을 낮추는 데 초점이 맞춰져 있고 부품의 중량을 줄이기 위해 프로젝트 팀원이 얼마나 무게를 줄이려고 노력하고 있는지 일일이 감시하는 관리자가 있었다.

이 관리자가 소프트웨어 기술자에게 소프트웨어의 무게가 얼마나 되는지 캐물었다. 소프트웨어 개발자는 "무게가 0"이라고 했다. 관리자는 "소프트웨어에 수백만 달러라는 거금을 투자했는데 무게가 없다는 게 말이 되는가" 하고 되물었다. 일주일 후에 그 관리자가 펀치카드 다발을 보고 의기양양하게 "봐라 분명히 무게가 있는 것 아니냐?"라고 큰소리쳤다. 그러자 소프트웨어 기술자는 펀치카드를 한 장 꺼내서 비행기에 싣게 되는 소프트웨어는 이 펀치카드의 구멍 난

곳이라고 대답했다는 일화가 있다.

중요한 것은 눈으로는 보이지 않는다는 말이 있듯이, 소프트웨어 역시 눈으로 볼 수 없지만 기계나 하드웨어 장치를 전부 통제하고 제어하는 역할을 한다.

소프트웨어를 효율적으로 작성하면 코드 수가 줄어들게 된다. 메모리에 탑재되는 바이너리 코드가 줄어들면 기판에 사용되는 메모리의 수를 줄일 수 있게 되어 비용을 절감할 수 있을 뿐만 아니라, 줄어든 만큼의 무게도 줄일 수 있게 된다.

‖ FFR(Fault Feedback Ratio)

요즘 많은 사람이 'made in Korea'를 찾는다. 그만큼 품질이 좋아졌다는 의미다. 일본에서 업무를 하다 보면 유난히 고품질을 요구한다. 그들은 품질을 이야기할 때 텐나인을 강조하곤 한다. 초기의 반도체는 게르마늄(Ge)을 사용했는데 순도가 99.9999999%였고, 지금은 순도 99.99999999%의 실리콘(Si)을 사용한다. 이것을 텐나인의 순도라고 부르고 있다. 이를 빗대어 텐나인의 품질을 달성해야 한다고 말한다

모든 제조업체는 '불량률 제로(0)'를 목표로 생산 활동을 하고 있다. 그러나 실제로 단 1개의 불량품도 없도록 한다는 것은 불가능에

가깝다. 그렇다고 불량품 생산을 어쩔 수 없는 일로 방치했다가는 불량품 쓰나미라는 재앙으로 되돌아온다.

그래서 제품이나 서비스 100만 개 중 불량품 개수를 한 자리 숫자(싱글)로 줄이자는 싱글 PPM(Parts Per Million) 운동이 시작되었다. 이는 궁극적으로 불량률 제로(0)라는 품질 목표를 달성하기 위한 것으로 불량률을 100만분의 1단위까지 환산해 꼼꼼히 살펴보고 문제점을 해결해 나간다.

일본 비즈니스에서는 하드웨어든 소프트웨어든, 기구이든 상관없이 품질이 나쁘면 비즈니스가 어렵다. 일본업체에 제품을 납품할 때는 먼저 품질에 이상이 없도록 검증해 그 결과를 일본업체의 담당자에게 문서와 함께 보낸다.

일본 담당자는 검증이 완료된 제품을 샘플로 받아서 정말 문제가 없는지 한 번 더 테스트한 후 최종 판매에 들어간다. 이때 소프트웨어의 버그가 발견되면 자체 검증 시스템에 이상 유무를 재점검해 달라는 요청과 함께 소프트웨어의 버전을 다시 발행하게 된다. 검증을 통해 확인해 보고 코드를 한 줄 변경해야 할 때도 있다. 그런데 버그 한 줄 수정하는 데에도 부분 테스트가 아니라 전체 테스트를 해야 하고, 원인과 대책에 대한 문서 작성을 요구한다.

일본 비즈니스에 익숙한 사람들은 당연한 것으로 받아들이겠지만 그렇지 않은 팀원들은 다르게 생각할 수도 있다. 수정한 코드는 다른 모듈에 영향을 주는 부분도 아니고 영향을 줄 만큼 큰 문제가 아니므로 전체 테스트는 비효율적일 뿐만 아니라 시간 낭비라고 생각하기 쉽다.

일본 업무를 하는 사람들은 이러한 것에 익숙지 않으면 사업자의 신뢰를 잃게 되니 귀찮더라도 그들의 요구대로 전체 테스트와 검증을 해야 한다. 실제로 단순한 한 줄 변경으로 코드를 수정했는데 그동안 문제가 없던 다른 부분에서 문제가 나오는 경우가 종종 발생하기도 한다.

FFR은 'Fault Feedback Ratio'의 약자로 버그를 수정했을 때 그 수정으로 인해 또 다른 버그가 몇 개 생겨나는지를 나타내는 용어다. 통계에 의하면 버그가 발생한 몇 줄 안 되는 소프트웨어를 수정할 때 그로 인한 버그가 더 많이 생길 수 있다는 것이다. 따라서 소프트웨어 엔지니어는 단 한 줄의 코드를 수정하더라도 그로 인한 영향이 없는지 꼼꼼히 테스트해 보는 습관과 노력이 필요하다.

문제의 원인에는 눈에 보이는 원인(Apparent Cause)과 본래의 원인(True Cause), 근본 원인(Root Cause)이 있다.

버그로 인한 문제점이 뒤늦게 발견되면 근본 원인을 찾아 해결해야 하는데 개발자들은 눈에 보이는 원인만 찾아 해결하려고 한다. 눈에 보이는 원인만 찾아 해결했을 경우 그로 인해 숨어 있는 또 다른 버그가 나타난다. 그래서 문제점이 발생하면 근본 원인을 찾아 해결해야 눈에 보이는 버그 이외에 숨어 있는 버그를 찾아낼 수 있고 이러한 과정에서 버그가 줄어들게 된다.

시스템 개발에서는 부분적인 버그 수정만으로도 생각지 못했던 곳에서 영향을 받는 경우가 많다. 버그 수정 후 프로그램을 수정했을 때 수정한 곳 이외의 다른 곳에서 영향이 없는가를 테스트하는 것을 리그레션 테스트(Regression Test)라고 한다.

버그 수정뿐만 아니라 프로그램을 수정하거나 변경하는 경우 전체적인 영향이 있는지를 알아보기 위해 리그레션 테스트를 반드시 수행해야 한다. 프로그램과 시스템은 각 기능과 복잡하게 얽혀 있다. 그래서 한 곳에서 버그를 수정하면 버그에 숨겨져 있는 다른 버그가 있거나 올바르게 작동해야 하는 함수가 작동하지 않을 수 있다는 사실을 염두에 둬야 한다는 것이다.

또한 관련이 없는 것처럼 보이지만 예기치 않은 오류가 발생할 수 있으며 특히 대규모 프로그램 및 시스템을 개발할 때 리그레션 테스트는 필수적인 테스트다.

프로그램이나 시스템이 클수록 혹은 각 부분 간의 관계가 더 복잡할수록 개발자조차 모든 구조를 파악하지 못하는 경우가 많다. 따라서 프로그램이 수정된 후 전체 문제를 확인하기 위해 리그레션 테스트를 수행해야 한다.

리그레션 테스트와 같이 사용되는 용어로 디그레이드(Degrade)가 있다. 디그레이드는 수정 후 소프트웨어가 더 나빠진다는 의미로 프로그램 버그가 수정되면서 품질과 기능이 수정되기 이전보다 더 나빠질 때 사용된다.

소프트웨어를 업그레이드하면 때로는 기능과 성능이 떨어지는 경우가 있는데 이는 디그레이드의 영향으로 발생한다. 따라서 어떤 사용자는 업그레이드 자체를 하지 않으려고도 한다. 이는 수정한 후 테스트 디버깅이 부족하거나 다른 모듈에 예기치 않은 부작용이 발생했기 때문이다.

그리고 결함(Defect)이라는 용어도 사용된다. 프로그래머는 프로그래밍하여 코딩한 후 설계대로 동작하는지 확인하게 되는데, 코딩한 결과가 예상했던 대로 나오지 않았을 때 결함(Defect)이라는 용어를 사용한다.

개발자의 위험한 생각은 문제가 나오면 고치면 된다는 사고방식이다. 종종 '문제가 나오면 고쳐주면 되지' 하는 안이한 생각을 가진 프로그래머가 있다. 결함이 나오면 근본적인 원인 분석을 통해 발생의 원인을 찾고 원인이 어느 공정인지, 예를 들어 설계 단계인가 또는 코딩 단계인가를 알아내어 개선점을 찾아내야 한다.

'그 개선점에 대해 왜 이런 코딩을 했는가? 모듈 단위로 문제는 없었는가? 왜 다른 모듈과의 인터페이스를 고려한 설계를 하지 않았는가?'라는 의문을 가지고 따져봐야 한다. 그리고 결함을 수정한 이후에 이제 끝났다고 생각하면 안 된다. 디펙트(Defect) 관련 유사 문제를 전부 찾아내어 더 이상 문제가 발생하지 않는다는 것을 증명해야 한다.

에러 범위에 있는 부분의 수정만이 아니라 유사 문제가 다른 곳에도 있는지 전체를 다시 한번 점검해야 한다. 어렵게 문제를 발견해서 고쳤는데 다른 곳에서 유사 문제가 나온다는 것은 근본적인 원인을 찾지 못한 것이고 땜질식의 임시 대응이기에, 유사 문제가 계속 나오지 않도록 철저한 품질 의식이 필요하다. 또한 이들 처리 과정을 문서화하여 모든 개발자가 공유하고 관리함으로써 궁극적으로 무결점의 품질 수준을 만들어 나가는 것이 중요하다.

품질에 대한 이력 관리가 안 되면 사람이 바뀔 때마다 같은 오류를 반복하게 된다. A라는 사람이 만든 실수를 수정하여 고쳤는데 B로 사람이 바뀌면서 같은 실수를 또 하게 되는 경우가 있다.

개발에서의 원류 품질이 나쁘면 현장으로 갈수록 본연의 업무 이외에 예상치 못한 인력이 투입된다. 이러면 현장의 인력 운용과 일정을 다시 세워야 하고 그에 따른 비용도 추가 발생하기 때문에 원류 품질이 중요한 것이다.

전체 개발 공정상 앞단의 개발 공정에서 지연이 발생하면 그만큼 뒷단에서 검증 일정이 짧아지고, 결국 출하 일정도 지연된다는 단순한 생각에 정확한 원인을 찾지 않고 다음 개발 단계로 넘어가는 경우가 종종 있다. 하지만 앞 공정에서 문제점을 걸러내면, 뒤 공정의 문제점이 오히려 적어져 검증시간이 단축되고 전체적인 품질 수준을 향상시켜 소비자의 만족도가 올라가게 된다.

모든 판단은 최종 후단에 있는 소비자가 하게 된다. 소비자의 불만이 접수되면 어떤 서비스 정신으로 친절하게 대응할 것인가를 고민하는 것보다 무결점의 고품질로 만족시켜야 하는 것이 소프트웨어 엔지니어의 의무이다.

4

No Program,
No Problem

|| No Risk No Return

63빌딩 꼭대기에서 떨어지면 하이 리스크일까? 로우 리스크일까? 63
빌딩 꼭대기에서 떨어지면 리스크와 리턴은 어떤 관계가 성립될까?

이 경우 리턴은 있을 수 없다. 리스크가 너무 커서 틀림없이 죽게
될 것이다. 일반적으로 리턴이라는 말은 얻어질 수 있는 메리트를 나
타내고, 리스크라는 말은 위험성을 나타내는 말이다.

하지만 파이낸스(Finance)에서는 다르다. 리턴은 마이너스(-), 플러
스(+)와 관계없이 얻어지는 결과이고, 리스크는 통계적인 불균형을
나타낸다. 리스크는 원래는 위험을 뜻하지만, 경제학에서는 불확실성

을 의미한다. 파이낸스에서는 리스크라는 말을 일상용어와는 다르게 '불확실성'이라는 의미로 사용한다.

경제학 용어에는 '하이 리스크 하이 리턴(High Risk, High Return)'이 있다. 리스크가 많을수록 돌아오는 이익(리턴)도 많다는 뜻이다. 예를 들어 투자 신탁의 경우, 예상 수익률이 있지만 그 리턴이 실제 성사될지 여부는 확실하지 않다. 주가, 채권, 환율이 움직이면 그만큼 변동 폭이 바뀌기 때문에 원래 계획했던 숫자보다 높을 수도 있고 낮을 수도 있다. 이러한 불확실성을 금융상품의 리스크라고 한다. 불확실성이 크면 클수록 리스크가 크다고 한다. 반대로 예·적금의 경우 원금이 보장되기 때문에 리스크는 적고 얻어지는 리턴 역시 낮기 마련이다.

리턴의 경우 무엇을 리턴으로 할 것인가가 중요하다. 누구나 '로우 리스크, 하이 리턴(Low Risk, High Return)'을 원하겠지만, 반대로 '하이 리스크, 로우 리턴(High Risk, Low Return)'이 되는 경우도 비일비재하다. 위험을 피하는 것은 나쁜 일이 아니지만, 그렇다고 해서 세상의 모든 두려움에서 도망가고 피할 수는 없다.

세상에는 모두 리스크가 있다. 리스크가 없다는 것은 있을 수 없다. 큰 것을 얻고 싶으면 과감한 도전을 해야 한다. 간혹 리스크가 없는 순탄한 길을 선택했으면서 결과가 나쁘게 나왔다고 불평불만을 하는 사람들이 있다. 인간관계와 비즈니스도 그렇다. 위험 회피만 생각한다면 새로운 챌린지가 될 수 없다. 스스로 도전하지 않으면 결과를 얻지 못할 것이다.

대기업의 임원이 되면 언제 해고될지 모르는 살얼음판을 걷게 된다. 어차피 살얼음판이라면 하고 싶은 것을 해보고 승부를 가려야 한다. 결과가 나빠 해고되는 것이 싫어서 바닥에 납작 엎드려 눈치를 보고 존재를 드러내지 않으면 얻어 들이는 결과가 없다. 차라리 과감한 도전으로 승부하는 것이 후회하지 않는다.

멘탈이 약한 사람이 비즈니스에 약하다는 말이 바로 여기에 있다. 성공하든 실패하든, 그 결과 자체만으로 자신에게 커다란 자원이 된다. 실패할수록 더 많이 극복할 수 있는 정신력과 경험으로 점점 더 성장할 것이다. 그런 의미에서 프로그래머는 현재 어떤 환경에 있든, 어떤 능력을 갖추고 있든 상관없이 동등한 기회를 활용하여 언제든지 하고 싶은 일에 도전해야 한다.

모든 사람에게 동등한 기회가 제공되지만, 버그가 무섭고 내가 작성한 소프트웨어로 인해 사회적 물의를 일으킬까 두려워 프로그램을 포기한다면 프로그래머로서 자질이 없는 것이고 소프트웨어의 세계에서 살아남지 못할 것이다.

물론, '로우 리스크 하이 리턴'이 인생의 목표라고 할 수는 없지만, 위험을 회피하고 웅크리고 앉아 있어 봤자 어떤 리턴도 얻을 수 없다. 위험 없이는 이익도 없다는 말이다. 적어도 프로그래머라면 기존의 경계에서 벗어나 새로운 세계에 도전할 용기를 가져야 한다. 그렇다고 리스크가 크면 이익이 많다는 말은 아니다.

자신이 스스로 도전하지 않으면 어떤 결과도 얻을 수 없다. 리스

시대전환, 소프트웨어와 인공지능

크를 두려워하지 말고 행동하는 용기는 누구나 살기 위한 필요불가결한 스킬이다.

‖ No Program No Problem

소프트웨어는 하드웨어처럼 손으로 만질 수 있는 것이 아니다. 그런데도 소프트웨어 전문가들은 독창적이고 유용한 결과를 만들기 위해 노력하고 있다.

음악과 소프트웨어는 공통점이 많다. 비즈니스에 사용되는 컴퓨터 프로그램과 서비스는 보이지 않지만, 무엇을 대중에게 전달할지 목적이 분명하다. 음악도 보이지 않는 소프트웨어다. 피아노나 악기를 연주할 때 한 음 한 음을 신중하게 연주할 때 사람들에게 정확히 전달되어 감동을 준다.

일반적으로 소프트웨어는 컴퓨터에서 실행되는 프로그램을 뜻한다. 하지만 서비스, 콘텐츠 기술, 사고방식, 지식 등도 모두 소프트웨어라는 인식을 가져야 한다.

소프트웨어를 개발할 때 직면한 문제점들은 너무도 많다. 특히 문제점이 발견되면 우리가 취해야 할 모든 조치를 시행해도 문제를 완전히 제거하기는 쉽지 않다. 어떤 이유로 소프트웨어가 제대로 작동하지 않는지 원인을 알 수 없을 때도 있다.

소프트웨어 개발 및 프로젝트를 수행할 때 매일매일 문제를 해결하기 위해 일한다고 해도 과언이 아니다. 프로젝트뿐만 아니라 비즈니스 세계 자체가 애초에 문제 해결에 있으며 사소한 결정을 포함하면 일상생활 자체 모든 것이 문제 해결일 수 있다.

이러한 '문제 해결 방법'은 세상에 넘쳐나고 있으며, 관련된 도서가 계속 팔리고 있는 이유도 이와 같은 현상에 의한 수요와 공급 때문일 것이다. 이렇게 문제 해결 방법이 무척이나 많이 있지만, 문제는 사라지기보다 오히려 증가하기만 한다.

문제는 해결하는 데 있는 것이 아니라 해소하는 것이다. 우리는 앞에서 Q & A를 통해 몇 개의 계산 문제를 풀어보았다. 이들 계산 문제는 해결해야 할 문제로 해답이 존재한다. 우리가 배우고 있는 과학과 수학의 세계는 기본적으로 정답이 있다. 이는 논리가 명확하고 그 목적이 정의되어 있기에 문제를 해결할 방법을 식별할 수 있는 것이다.

일반적인 재고 관리나 유통 경로와 같은 비즈니스의 문제는 어떤 방법으로든 해결해야만 하고, 유일하다고 말할 수는 없지만 어떤 식으로든 해답이 존재한다. 하지만 조직 운영의 문제나 부부간의 문제는 해답이 존재하지 않는다.

소프트웨어가 직면한 문제점들도 조직 운영의 문제나 부부간의 문제처럼 도무지 수렴해 가기 어려운 점들이 너무 많다. 소프트웨어 엔지니어가 짊어지고 가야 할 숙명적인 문제다. 이러한 숙명적인 문제들을 받아들일 수 없다면 소프트웨어 개발자로서의 자격이 없다.

프로그래머가 자신이 만든 프로그램으로 인해 회사에 손실을 입히고 더 크게는 사회적 물의를 일으키게 될 것이 두려워 처음부터 리스크를 회피하고 High Return만 원한다면 소프트웨어로서 엔지니어를 포기해야 한다.

영어와 같은 외국어를 배울 때 몇 년간 학원에 다녀도 예상만큼 회화실력이 늘지 않아 스트레스를 받는 사람들이 많다. 그런데 포기하고 싶은 상황에서도 이를 악물고 노력하는 사람은 결국 외국어로 소통할 수 있게 된다. 반면, 스트레스로 인해 외국어보다는 차라리 다른 자격증을 취득하는 게 낫겠다고 하면서 포기하는 사람도 있다. 포기한 순간 일시적이지만 스트레스로부터의 해방감을 맛볼 수 있게 되어 마음이 홀가분해지고 편해진다. 이와 같은 이치로 프로그래머도 리스크가 무서워 프로그래밍 자체를 포기하면 마음이 홀가분해지고 편해진다. 위험을 감수해야 할지, 위험을 제거해야 할지 고민할 필요가 없기 때문이다.

우리가 알아야 할 것은 프로그램이 없다면 프로그램으로 인한 문제도 발생하지 않을 것이라는 점이다. 하지만, 자신이 프로그래머의 길에 왜 나서게 된 이유를 다시 한번 생각해 보길 바란다. 프로그래밍에 진지하고 진심이라면 리스크 따위는 스스로 극복할 수 있을 것이다.

5

AI 시대,
프로그래머의 역할

‖ 프로그래밍을 해야 하는 이유

삼성 이건희 회장은 임원들로부터 보고를 받을 때 "왜"라는 질문을 5번 이상 던졌다. 실무를 꼼꼼히 파악하고 있어도 꼬리에 꼬리를 물며 집요하게 5번이나 "왜 그런가?"라고 질문을 하면 제대로 답변하기가 쉽지 않다.

문제가 발생해서 근본 원인이 어디에 있는지 철저히 분석하려면 이건희 회장처럼 의문을 품고 최소 5번 이상 되물으며 따져 봐야 제대로 된 원인 분석을 할 수 있다. 그리고 어떤 일을 시작하기 전에 왜 이 일을 해야 하는지 스스로 5번 던져보고 결정해야 실패를 하더라도 후회가 따르지 않게 된다.

사회적으로 코딩 열풍이 불어오니까 아무 이유 없이 프로그래밍을 배워야겠다는 단순한 생각을 하는 사람이 많다. 하지만 멋모르고 프로그래밍의 세계로 들어갔다가는 후회하기 십상이다. 목적의식이나 왜 프로그래밍에 도전해야 하는지 하는 확고한 마음가짐이 있어야 후회하지 않는다. 자, 그럼 인공지능 시대, 우리가 왜 프로그래밍을 해야 하는지 깊이 생각해 보자.

　사회 곳곳에 소프트웨어가 사용되면서 생활의 편리성을 주고 있지만, 생각지도 못한 오동작으로 피해를 주기도 한다. 카카오톡은 스마트폰에서 많이 사용하는 앱 중 하나다. 2022년 10월 카카오톡 데이터센터 화재로 인해 연결이 제대로 안 되어 사용자들의 불만이 터져 나온 사례도 있다.

　소프트웨어는 프로그래머가 꼼꼼하게 작성하고 테스트한 후 일반인들이 사용하고 있지만, 미처 예상치 못한 부작용 때문에 프로그래머들이 골머리를 앓고 있다. 이렇게 프로그래머들이 골치 아픈 일인 것을 알면서도 이 일을 해야 하는 이유는 무엇일까? 근본적인 의구심을 가질 수밖에 없다.

　그런데 최근의 사회적인 분위기는 누구나 어려서부터 소프트웨어에 입문해 코딩을 배워야 한다고 강조한다. 소프트웨어 비전공자가 왜 소프트웨어를 해야 하는지 하는 의문이 들 것이고, 왜 소프트웨어를 초등학교의 의무 교육으로 도입해야 하는지 의문이 생길 수도 있다. 소프트웨어 전공자도 있고 소프트웨어 전문가들이 있는데 일반인에게 소프트웨어가 필요한 이유는 무엇일까?

소프트웨어야말로 지금의 시대에 누구나 알고 사용해야 하는 도구다. 70년대 말, 80년대 초에는 타 분야의 공학자들이 컴퓨터로 연구 결과를 시뮬레이션해 보거나 계산 결과를 보려고 소프트웨어를 배워 프로그래밍하다가 재미에 빠져 아예 컴퓨터공학으로 전공을 바꾸는 일이 꽤 많았다.

지금도 연구 결과물을 얻기 위해 많은 연구원이 소프트웨어로 문제를 해결하고 있다. 일상생활 속에서도 계산이나 자기만의 소프트웨어로 코딩하여 활용하고 있다. 점점 소프트웨어가 일반화되고 있다는 말이다.

프로그래밍을 이제 배우려고 하는 사람이나 초보자는 프로그래밍이 얼마나 재미있고 의미 있는 작업인지 이해하지 못할 수도 있다. 그렇지만 다른 사람들은 다 알고 있는데 나만 모른다면 시대에 뒤떨어지고 도태되고 말 것이다.

숙제를 하지 않은 초등학생에게 선생이 Sorry를 100번 쓰라고 지시했더니 코딩을 배운 초등학생이

```
for_in range(100):
print("sorry")
```

라고 작성하고 집으로 가버렸다는 이야기는 프로그램에 입문하는 이들에게 코딩이 얼마나 효율적이고 재미있는지 설명할 때 사용된다.

시대전환, 소프트웨어와 인공지능

프로그래밍을 배우면 컴퓨터를 통해 머릿속의 아이디어를 실현할 수 있다. 프로그래밍을 할 수 있는 환경이 마련되어 있으면 집에서 직접 스마트폰에 사용할 수 있는 앱을 만들 수도 있다. 과거에는 그림을 그리고 글을 써서 자신의 아이디어를 표현했다면, 컴퓨터가 탄생하면서 자신을 표현하는 방법이 무궁무진해진 것이다.

프로그래밍을 해야 하는 더욱 큰 이유는 프로그래밍을 배우면 생각하는 사고도 변한다는 데에 있다. 프로그래밍을 시작하면 사물의 논리를 이해하는 힘이 생기고 논리적 사고를 할 수 있다. 왜냐하면 프로그래밍은 프로그래밍 언어로 컴퓨터에 명령을 내리는 작업으로, 논리적 사고 없이 멋대로 명령을 내리면 컴퓨터는 작업을 하지 않는다. 논리적 사고가 없는 프로그래밍은 오류를 발생시키고 프로그래머의 예상대로 작동하지 않게 된다.

따라서 문제가 발생하여 원인을 찾아 해결하다 보면 논리적 사고 능력이 향상되게 된다. 논리적 사고 기술을 습득하면 일상생활과 직장에서 발생하는 여러 문제를 적극적이고 신속하게 해결할 수 있게 된다.

그래서 남녀노소를 불문하고 프로그래밍은 배울 가치가 있는 것이다. 특히 어린 아이들의 경우 논리적 사고력을 키우기 위해서는 하루라도 빨리 프로그래밍을 배우는 것이 좋다.

코딩을 배우지 않은 문과 출신의 회사원이 자신의 아이들에게 프로그래밍을 접하게 하려면 자신이 먼저 배워야 한다는 것을 깨닫고 즉시 프로그램 언어를 배우고 코딩을 시작한 사례도 있다. 지금은 초등학생용 인공지능 로봇을 만들어 Phython으로 로봇을 동작시키는 인공지능 프로그램을 개발해 사업을 하고 있다. 물론 자신이 개발한 인공지능 프로그램과 로봇으로 자녀들이 호기심을 가지고 놀면서 프로그램을 짜고 코딩할 수 있게 된 것이다.

소프트웨어를 해야 하는 또 다른 이유는 프로그래밍을 하게 되면 세상을 바꿀 수 있다는 자신감을 갖게 된다. 인공지능 시대에 살면서 커다란 자부심과 꿈을 실현할 기회는 얼마든지 있다. 공부한 지식으로 자신이 원하는 것을 만들 수 있다는 것은 그것이 이미 출시되었거나 인터넷에 만드는 방법이 있을지라도 재미있고 충만한 자신감을 줄 수 있다. 마크 저커버그와 빌 게이츠도 처음에는 프로그래밍에 익숙하지 않았지만, 지금은 세계적인 제품을 만들고 있다.

프로그램을 배워 창의적인 아이디어로 프로그래밍하여 새로운 제품을 만들면 이 세상에 하나밖에 없는 제품이 될 수 있다. 이는 벤처기업에 도전해 성공의 발판을 만드는 계기가 될 수 있으며, 더 크게는 인류사회의 발전에 공헌할 수 있다는 꿈을 실현할 수 있다. 이 때문에 소프트웨어가 세상을 바꾸는 힘이라고 말하는 것이다.

또한 소프트웨어로 나를 알릴 기회를 얻어야 한다. 현재 내가 하는 일을 누군가 인정해 주고 가치를 평가해 준다면 고맙겠지만, 대부분은 상사가 자신의 역량을 충분히 인정해 주지 못한다고 생각한다. 내부에서 인정을 못 받는다면 외부에서 이름을 알리고 그 가치를 내부의 사람에게 각인시키는 것도 하나의 방법이 될 것이다.

조직 내에서는 자신을 드러내기 위해서 경쟁하고 주변의 눈치도 봐야 하겠지만, 외부에서는 오히려 자신의 존재성을 알릴 좋은 기회의 장소가 될 수 있다. 표준화 활동이나 논문 발표 등을 통해 외부에서 나를 인정하고 필요로 한다면 내부에서도 나를 더욱 필요로 하게 된다는 사실을 알아야 한다. 소프트웨어 역량이 그 역할을 해 줄 수 있다.

현재 담당하고 있는 업무가 소프트웨어와 무관하다면 소프트웨어 역량을 키워 자신의 가치를 보여줄 기회를 만들어 간다면 이 또한 자신의 터닝포인트가 될 수 있을 것이다.

그리고 프로그래밍은 지적 생산 활동이다. 지적 생산 활동은 은퇴 후에도 지속적으로 해야 하는 일 중의 하나다. 현재 소프트웨어와 관련 없는 업무를 하고 있더라도, 하루라도 빨리 프로그램 언어를 배운다면 나이에 상관없이 지속적인 지적 활동이 가능하게 될 것이다.

‖ 영화 이야기

영화 〈The Net〉와 〈The Circle〉은 프로그래머가 해야 할 일이 무엇인지 알려주고 있다.

<The Net>

우리는 디지털 시대를 경험하면서 살아왔다. 디지털 기술을 바탕으로 한 기술 혁신의 변화는 과거보다 훨씬 폭이 크고 변화의 속도도 빨라졌다.

인간이 식별하는 아날로그 신호를 기계가 인지할 수 있도록 해주는 디지털 기술로 바뀌면서 컴퓨터가 만들어졌다. 컴퓨터는 인간이 계산할 때 수행되는 복잡한 절차와 방법을 프로그램 기술로 쉽게 해결할 수 있게 해주었다. 디지털 기술에 의한 혁명은 태엽 시계를 디지털시계로 바꾸었고 타자기를 컴퓨터로 바꾸었다. 그리고 컴퓨터를 모든 개인이 소유하게 되면서 인터넷 기술을 가져다주었는데, 이는 네트워크 기술과 더불어 새로운 세상을 만들어 갔다.

인터넷 기술의 발전으로 온라인 공간이 생기면서 인간의 일상생활에도 획기적인 변화가 찾아왔다. 인터넷 기술의 진보와 보급에 의해 정보는 순식간에 전 세계에 공유되었고 서비스의 형태도 다양화되었다. 온라인 쇼핑몰에서 물건을 거래하고, 은행이 아니어도 현금을 인출하고 송금할 수 있게 되었다. 산업도 융합화, 복합화되면서 산업 간 경계가 없어지고 컴퓨터에 의한 자동화가 이루어졌다.

이러한 가운데 자동화와 인터넷의 보급은 어느덧 새로운 패러다임을 예고하고 있다. 공장에서 인간이 개입하지 않아도 자율적으로 판단하여 생산하는 새로운 생산 서비스를 비롯하여 로봇과 기계를 융합한 서비스도 생겨나고 있다. 네트워크와 인터넷에 연결된 사회

시대전환, 소프트웨어와 인공지능

로부터 우리는 다른 어느 시대에도 경험해 보지 못한 풍요로운 삶과 혜택을 누리고 있다.

하지만 다른 부정적인 측면도 간과해서는 안 된다. 네트워크와 연결된 인터넷을 통해 개인 정보는 누군가에 의해 조작되고, 이를 악용하여 세상을 지배하려고 하는 사람들에 의해 조정될 수 있다.

영화 〈The Net〉은 산드라 블록 주연의 서스펜스로 인터넷의 초기에 만든 인터넷 범죄에 초점을 맞춘 작품이다. 인터넷에 의존하는 사회와 인간에 대한 두려움이 잘 묘사되어 있다.

프리랜서 여성 프로그래머인 안젤라는 재택근무를 하면서 회사에서 보내주는 소프트웨어의 버그를 찾고 해결하는 일을 한다. 어느 날 친구로부터 플로피 디스크 한 장이 전송되어 입수하게 되는데, 본인은 그 내용을 모르고 있지만 플로피 디스크 안에 국가 기밀이 들어 있어 목숨이 위태로운 상황에 부닥치게 된다. 개인 정보와 데이터가 위조되어 자신을 증명할 어떤 자료도 존재하지 않고 전혀 다른 사람이 되어 누군가에 의해 조종되는 삶을 살아가게 된다. 특별한 격투 기술이 없는 여성 프로그래머가 거대한 적과 싸우고 위조된 자신의 개인 정보도 스스로 복구하며 문제를 해결해 나가는 스토리다.

스마트폰이 일반화된 지금은 영화 〈The Net〉의 세계보다 더 복잡한 네트워크 의존 사회에 살고 있다. AI, IoT 및 통신 시스템은 꾸준히 진화하면서 더 밀접한 연결 관계를 형성하게 될 것이다.

영화 〈The Net〉은 우리가 모르는 어떤 위협을 알리는 출발점이며, 인터넷에 의존하는 사회와 인간에 대한 두려움을 시사하고 있으며, 그리고 이 모든 중심에 프로그래머가 있으며 현재를 포함한 향후의 세계가 어디로 갈지도 프로그래머의 역할에 달려 있다.

<The Circle>

구글이나 마이크로소프트 본사를 방문해 보면 회사의 규모뿐만 아니라 기존 기업과는 다르게 자유분방하게 근무하는 모습에 놀라게 된다.

영화 〈The Circle〉에서 배경이 된 The Circle 본사는 마치 인터넷을 지배하고 있는 GAFAM(구글, 아마존, 페이스북, 애플, 마이크로소프트)과 같은 회사를 연상케 한다.

IT 사회는 다양한 정보 관리와 서비스를 통해 편리를 제공해 주고 전 세계 누구와도 연결될 수 있다는 장점이 있다. 개인 정보를 마케팅에 사용할 수 있도록 동의하면 내가 좋아하는 상품을 골라서 알려주고 사용자가 구글에 들어가서 필요한 정보를 찾지 않아도 필요에 따라 맞춤형으로 나에게 필요한 정보를 가져다준다. 미국의 아마존에서 제공하는 도서 추천 시스템이 대표적인 사례로 사용자 프로파일을 분석하여 사용자에게 맞는 도서와 콘텐츠를 찾아주는 서비스가 있다.

스마트폰의 확산으로 언제 어디서든 온라인 접속이 가능해지면서 많은 사용자가 다양한 서비스로 자신이 알고 있는 정보를 등록하고 다른 사용자들과 정보 공유가 쉬워졌다. 이러한 개인들이 생성한 데이터들이 모여 유의미한 결과를 도출하게 되면서 집단지성이라는 힘이 생겨난다.

인터넷의 발달과 정보 네트워크화에 의해 다수의 사람이 모여 의견과 정보를 교환하면서 높은 지적 능력을 만들어 내는 환경이 조성되었다. 이런 환경을 이용하여 창조적이고 가치 있는 새로운 비즈니스를 만들어 내는 것이 웹에서의 집단지성이다. 대표적인 사례로는 다수의 개인으로부터 의견을 모아 타당한 지식을 생성하는 위키피디아가 있고, 리눅스 OS처럼 소프트웨어를 웹상에서 많은 사람의 협력하에 개발해 가는 소프트웨어 개발 같은 것도 있다.

이와 같은 시스템은 지금까지 서버를 기반으로 운영되고 있는데 편리한 기능으로 많은 만족감을 주고 있지만, 한편으로는 개인 정보가 기업의 서버에 저장되어 있어 언제든지 개인 정보가 노출되어 범죄에 사용될 수 있다는 모순이 있다.

영화 〈The Circle〉은 감시 사회가 실현 가능하다는 것을 표현한 게 아니라 '이미 그렇게 되었다'는 무서운 사실을 제시하는 작품이다. 이러한 감시 사회 속에서는 생각은 물론, 발언도 자유롭지 않다는 것을 보여준다.

주인공 메이(엠마 왓슨)는 감시 카메라 덕분에 위험한 상황에서 생명을 구했고 이로 인해 투명한 인터넷 세상이 많은 위험에서 벗어날 수 있게 한다고 확신하게 되었다. 자신의 사생활을 24시간 공개하기로 하고 생중계하면서 많은 사람으로부터 호응을 얻는다. 그리고 Soul Search와 같은 믿기 어려운 기발한 시스템을 제안했는데, 이 시스템의 필요성을 실시간으로 공개하면서 범인을 찾아내는 데 성공한다.

하지만 오랫동안 연락이 없었던 자신의 친구를 찾기 위해 이 시스템을 가동하면서 뜻하지 않게 친구가 다리 위에서 추락해 죽게 되는 끔찍한 상황을 지켜보게 된다. 메이는 이 일로 큰 충격에 빠진다.

SNS(Social Network Service)는 내가 평소에 만나지 않는 사람들과 연결되는 장점이 있지만, 당사자는 알리고 싶지 않은 불필요한 정보가 다른 사람에 의해 공개되면서 피해를 보기도 한다. 부모가 아이를 낳아 키우면서 성장 과정을 SNS에 올려서 많은 사람으로부터 댓글과 '좋아요'를 받았지만 정작 아이가 커서 자신의 의사와 상관없이 자신의 성장 과정을 공개한 부모를 고발한 경우도 있다.

SNS를 통해 연결되는 파괴력은 엄청나다. 케빈 베이컨의 6단계 법칙에 의하면 지구에 있는 모든 사람은 최대 6단계 이내에서 서로 아는 사람으로 연결될 수 있다. 페이스북이나 트위터를 하다 보면 초기에 아는 사람 몇 명이 친구를 맺기 시작하면서 친구를 소개받고 팔로워를 모으기 시작한다. 이런 식으로 관계를 맺다 보면 초기에 친구를 맺었던 10명이 이들과 연결된 또 다른 10명의 사람을 거치고 거쳐 6단계까지 가면, 결국에는 이 세상 모든 사람과 관계 맺게 된다는 것이 관계의 6단계 법칙이다.

내가 알고 있는 10명의 친구는 각자 또 10명의 친구가 있을 것이고 그 10명의 친구도 또 10명의 친구가 있을 것이다. 이와 같은 과정으로 6단계까지 가다 보면 1,000,000,000,000명, 즉 1조 명의 친구를 알게 된다. 지구상의 현재 인구는 60억이므로 6단계 안에 충분히 관계를 맺을 수 있다는 논리다.

이러한 파괴력을 어떻게 이용할지는 프로그래머의 손에 달려 있다. 주인공 메이는 충격에서 벗어나 잘못된 시스템을 고치기로 마음먹는다.

버그가 없는 프로그램은 없고 프로그래머는 완벽할 수 없다. 하지만 완벽을 목표로 하기보다는 스스로 진화하려고 노력해야 한다. 불완전한 시스템을 고치는 일, 역시 프로그래머가 해야 하는 일이다.

‖ 시대의 변화를 읽는 소프트웨어 개발자

프로그래머는 문제를 해결하기 위해 잠을 설치기도 하고 고민하는 시간이 많은 직업이다. 처음부터 완벽한 프로그램을 만들 수 없다. 처음에는 프로그램으로 무엇을 해야 하는지조차 모를 수도 있다. 작성한 프로그램의 행수가 많아 처리속도가 느리고 남들이 이해하기 어렵게 작성된 코드일 수도 있지만, 여러 번 수정하고 반복하다 보면 정상적으로 동작하게 될 것이다.

프로그래머는 프로그래밍 언어로 작업할 수 있는 능력이 필요하다. 하지만 이것은 최소한의 요구로, 정말로 필요로 하는 것은 프로그램으로 무엇을 만들려고 하는지 어떤 생각으로 접근해야 할지 충분히 사전 준비하고 이해하는 능력이다. 그래서 프로그래밍에 필요한 언어 이외에도 별도의 레이어의 지식을 함께 쌓아야 한다.

프로그램을 알기 쉽게 표현하려면 평소 사물에 대해 디테일한 부분까지 생각하고 이해해서 남에게 설명하는 습관을 기르는 것이 중요하다. 또한 사양(Spec)을 이해하고 버그(프로그램의 오류)가 발생하지 않도록 절차대로 정확하게 기술하는 습관을 기르는 것도 중요하다.

그리고 프로그래밍은 엔지니어에게 매우 창의적인 작업 중 하나다. 프로젝트의 큰 틀을 이해하고 시스템의 세부 사항에 이르기까지 어떻게 구현해야 할지 생각하면서 문제를 해결하기 위한 최상의 단계를 함께 수행해야 하기에 코드를 작성할 때는 고도의 집중이 필요하다.

초보 프로그래머도 얼마든지 좋은 프로그램을 짤 수 있다. 하지만 어떤 워닝(Warning)이 뜨면 신중하게 생각지 않고 동작하는 것에만 만족한다면 전문적인 프로그래머가 되기 어렵다. 유능한 프로그래머는 질 좋은 코드를 접할 기회가 많다. 참고할 만한 양질의 코드는 교과서보다 경험과 그에 따른 노력으로 얻을 수 있다.

AI 시대가 되면서 프로그래머들에게는 재능도 중요하지만, 시대적 변화를 읽고 적응하며 창조적인 사고를 가지는 것도 중요해졌다. 창조적인 사고는 재능만으로 주어지는 것은 아니다. 어떤 분야에서든 창조적 사고는 기본에 충실할수록 응용력도 높아지고 적응도 빨라지는 법이다.

소프트웨어 개발자로서 시대의 변화를 읽으며 기본기를 다질 수 있는 마음가짐이 중요하다. 이 한 권의 책이 시대의 변화를 읽으며 기본기를 다지고 창의적인 발상을 할 수 있는 기회가 되었으면 하는 바람이다.

어머니의 기도와
소프트웨어 개발자의 비전

‖ 누구를 위한 기도인가? ‖

우리는 뭔가 잘못되거나 실패하면 남 탓을 하고, 잘되거나 성공하면 스스로가 똑똑하고 남보다 열심히 노력한 결과라고 여기며 모든 것을 자신의 공로로 돌린다. 나의 성공에는 내가 열심히 일할 수 있도록 뒷바라지해 준 부모님이나 가족의 희생이 있었다는 것을 잘모른다. 수만 명의 직원들을 책임지고 성공의 길을 가고 있는 CEO도 마찬가지다. 본인이 잘한 점도 있겠지만, 먼저 임직원들의 피땀 어린 노력이 있었다는 점도 반드시 알아야 한다.

어린 시절에는 어머니가 언제 주무시는지 몰랐다. 잠들기 전까지는 바느질을 하고 계셨는데, 자다가 새벽에 깨어보면 밖에 나가계신 어머니를 보게 된다. 언제, 몇 시간 주무셨는지 모르겠지만 장독대 위에 물 한 그릇 떠다 놓고, 두 손을 비비며 연신 절을 하면서 무엇인가를 주문하듯 중얼거리는 것을 몇 번이고 반복하셨다. 어머니는 추운 겨울에도 변함없이 기도하셨다. 작은 소리로 무언가 소원을 빌고 계셔서 그 내용은 구체적으로 알 수 없었으나, 가족들의 행복과 자식들이 성공하기를 바라는 내용임은 틀림없었다.

지금은 교회에 다니시면서 기도하는데 무슨 내용으로 기도하는지 알 수 있다. 명절에 온 가족이 모이면 어머니께서 대표 기도를 하신다. 6남매의 가족인 데다 전부 결혼하여 손자, 손녀가 있으니 한번 모이면 대가족이다. 어머니께서는 큰형님 내외 가족을 시작으로 막내 가족의 손자, 손녀까지 일일이 이름을 거론하면서 기도하기 때문에 상당히 오랜 시간이 걸린다.

기도의 주된 내용은 그 가족의 건강과 화목을 위한 것이고, 그 가정의 기도 제목에 합당한 주제가 별도로 들어간다. 예를 들어 취업하는 손자를 위해서 합격을 기원하고, 취학을 하는 아동이 있으면 축하와 함께 친구들과 잘 어울릴 수 있게 해달라는 기도를 하신다.

한때 어머니의 기도 중에 이해하기 어려운 기도가 하나 있었다. 자녀들이 모두 기업체에서 직장생활을 하고 있는데, 직장에서 자식이 승진하게 해달라고 기도하지 않으시고 소속된 기업을 위해 기도하는 것이다.

"하나님, 셋째 아들이 ○○직장에 다니고 있는데 그 회사를 위해 기도드립니다. 회사가 이익이 많이 나고 번창하여 직원들의 복지가 향상되게 해주십시오"라고 늘 기도하셨다.

언제 구조조정 대상이 될지 한 치 앞을 모르는 IMF 시절에 어머니께 기도를 요청한 적이 있었다. 어머니께서는 큰소리로 "하나님, 이렇게 어려운 시기에 우리 아들이 다니는 회사가 도산되지 않고 성장하여 더 많은 이익을 내는 회사가 되게 해주십시오. 그리고 우리 아들이 남을 도와주고 가지고 있는 것을 베푸는 자가 되게 해주십시오"라고 기도하셨다.

우리 아들이 회사에서 구조조정 대상이 되지 않고 승진도 하게 해달라는 기도를 해주실 것을 기대했는데, 그 기대에 미치지 못해 서운했던 기억이 있다. 심지어 가진 것이 없는데 남을 도와주고 베풀라는 기도로 인해 야속한 생각이 들기까지 했다.

하지만 내용을 잘 이해하면 그 이유를 알 수 있다. 회사가 이익이 나면 보너스가 나올 것이고, 회사가 번창해 규모가 커지면 사원이 필요하게 되어 새로운 인력을 채용하게 될 것이다. 그러면 나에게도 승진의 기회가 올 것이다. 또한 나보다 더 어려운 사람을 도와주고 가지고 있는 것을 나누어 준다는 의미는 내가 가진 것을 쓰고 남으면 나누어 준다는 것이 아니라, 부족하지만 더 필요한 사람과 나누어 갖는다는 봉사와 희생정신에 부합되는 것이다.

어머니께서는 자식들이 성공하면 자신이 행복하다는 것을 알고 계셨고, 자식들에게도 기도를 통해 다니는 직장이 행복하면 직원인 내가 행복하다는 것을 가르쳐 주신 것이다.

많은 어머니가 자식을 위해 새벽에 일어나 기도를 드린다. 피 말리는 경쟁 속에서 살아남기 위해 고군분투하는 직장인들이나 CEO가 흘리는 눈물을 지켜보며 어머니는 피를 토하는 심정으로 기도를 드릴 것이다.

대부분 직장인은 가족을 위해 직장에서 온갖 스트레스를 이겨낸다. 가족이 행복하면 자신이 행복하기 때문이다. CEO는 직원의 복지와 미래를 위해, 그리고 회사의 이익을 위해 자신의 모든 것을 대신한다. 직원이 행복하면 결국 자신이 행복하기 때문이다.

목표가 단지 자신의 행복을 위한 것이라면 달성하는 데 그리 어렵지 않을 수도 있다. 목표가 달성되었을 때 웃어주고 축하해 주는 사람이 있어 행복한 것이 아닐까?

4번 쓰러졌다가 5번 만에 상대방을 KO 시킨 홍수환은 승리 후 전화 인터뷰에서 기뻐하며 외친 첫 마디가 "엄마! 나 챔피언 먹었어"였다. 초등학교 어린이는 100점을 맞으면 엄마한테 달려와서 자랑한다. 이 모두 자신의 만족보다 타인의 만족이 더 중요하다는 것을 무의식중에 알고 있기 때문이다. 좋아하는 사람을 만족시키면 자신에게 돌아오는 만족은 더 크다. 이기적인 생각으로 자신만을 만족시키기 위한 목적과 실천은 타인의 만족을 목표로 하여 실천하는 것과는 결과가 다르게 나타난다.

회사는 자신의 행복을 먼저 추구하는 것이 아니라 고객을 행복하게 함으로써 만족을 느끼고, 부모는 자신의 행복을 위해 어려움을 이겨내는 것이 아니라 자식이 행복하면 본인도 행복을 느낀다.

CEO가 자존심을 버리고 대중 앞에 무릎을 꿇는 이유는 자신만의 영욕을 위한 것만은 아니다. 남몰래 흘리는 눈물은 앞으로 고객을 행복하게 만들 것이라는 다짐이다. 또한 사원들의 행복이 CEO 자신의 행복임을 알기에 CEO는 더욱 책임감을 느끼고 전진해 나가야 한다.

‖ 프로그래머의 원대한 꿈 ‖

우리는 살아가면서 시간과 돈, 에너지를 소비한다. 대기업에 다니다 보면 해외 출장이 많다. 비행기의 마일리지 포인트가 쌓여서 밀리언 마일리지 포인트를 갖게 되는 경우도 있다. 연봉도 많고 의욕도 충분하지만, 일 때문에 개인적인 일이나 취미생활을 하기에는 시간이 부족한 사람들도 있다.

퇴직 후 사용하려고 비행기의 마일리지 포인트를 꾸준히 적립해 두었지만, 생각과 달리 사용하기가 쉽지 않다. 퇴직 후에는 시간도 많고 돈도 모아두었지만, 정작 의욕과 체력이 달리는 경우를 겪게 된다. 적립된 마일리지 포인트로 여행하려고 해도 비행시간과 시차 적응이 어려워 포기하기도 한다.

그리고 책을 좋아하지만 읽을 시간이 없어 읽고 싶은 책을 구매하여 한가할 때 읽으려고 책꽂이에 쌓아두었다. 그런데 정작 나이가 들어 한가해지면 눈이 나빠져서 많은 책을 읽고 소화하기가 어려워진다.

흔히 소프트웨어 엔지니어는 재직 중에 시간도 없을 뿐만 아니라, 돈도 많이 못 벌고 에너지도 다 소비하여 기진맥진한 상태로 지낸다고 한다. 여기에 더 최악은 친구도 잃고 가족과도 멀어진다는 것이다.

소프트웨어 엔지니어는 평생 공부해야 한다는 말이 있다. 80년대 퍼스널 컴퓨터 시대에는 Basic과 Assembler(기계어)를 사용했다. 2000년 초에는 Windows를 사용한 컴퓨터로 프로그램을 짜서 일을 했다. 이때 유행한 언어는 Microsoft에서 개발한 개체 지향 프로그래밍인 Visual Basic과 마이크로소프트 Visual C++이었다. 비슷한 시기에 Mac과 Linux 등이 등장하면서 Java라는 언어가 주류를 이루었다. 최근에는 스마트폰을 개발할 때 주로 사용하는 언어가 C와 C++이다. 또한 AI가 현실화되면서 R과 Phython이 등장했다.

이렇게 되다 보니 소프트웨어 엔지니어는 항상 공부할 수밖에 없다. 지금 소프트웨어 개발자이건 새로 시작하려는 초보자이건 소프트웨어를 통해 자신이 가지고 있는 숨겨진 재능을 찾아야 한다. 자신이 경험해 얻은 전문성만 고집하지 말고 새로운 것을 찾아 학습하며 변화에 순응하는 자세가 필요하다.

한 단계 더 도약하려면 초급으로 돌아가야 한다. 프랑스 속담에 "일단 물러서면 더 멀리 뛸 수 있다(Reculer pour mieux sauter)"라는 말이 있다. 이는 개구리는 더 멀리 뛰기 위해 움츠린다는 말과 같다. 개구리가 뛸 때 기존의 것을 지워버리고 새로 시작하는(Undoing and Redoing) 그 자세야말로 소프트웨어 엔지니어에게 필요한 자세일 것이다.

1부터 10 가운데 어떤 숫자 하나를 취하라고 할 때, 통계에 의하면 7을 가장 많이 선택하고 반대로 10을 선택하는 경우는 가장 적다고 한다. 프로그래머라면 1.0001이라던가 π(3.141592…)나 e(2.71828…)를 선택하는 데 주저하지 말아야 한다. 반드시 정수여야 한다는 고정관념을 버려야 한다는 의미다.

사람들은 원래 풀리지 않는 퍼즐에는 열중하지 않는다. 풀릴 것을 알기 때문에 어떤 혼란이 와도 퍼즐에 열중하게 된다. 내가 만든 소프트웨어가 세상에 나가서 많은 이들을 행복하게 해주고 그들이 윤택한 삶을 이어갈 수 있게 된다면 얼마나 행복할지 생각해 보자.

이렇게 사회와 인류의 미래를 책임지는 일은 프로그래머가 아니라면 이루기 어려운 일일 것이다. 세상에 나와서 무언가 한 가지를 남기고 싶다면 소프트웨어에 도전해야 한다.

"누구를 위한 프로그래밍인가? 누구를 행복하게 해주기 위한 코딩인가?"에 근본적인 이유를 찾아 나서야 원대한 꿈을 이룰 수 있다.

소프트웨어 엔지니어는 다른 사람들에게 편리함을 제공해 주고 만족을 주는 역할을 한다. 이미 소프트웨어를 알고 있거나 새로 시작하려는 사람은 이러한 사명감을 가지고 스스로 만족감을 얻으면 좋을 것이다. 이것이 우리가 소프트웨어를 해야 하는 진정한 이유이다.

또한 프로그램에 입문했다면 지금보다 더 다양한 지식을 축적해야 한다. 소프트웨어 산업은 지식 집약적인 동시에 노동집약적인 산업이다. 원하는 대학에 입학하기 위해서 공부하고 대기업에 들어가기 위해 공부하는 것과 남들과 차별화하고 미래에 대한 투자를 위해 시간을 쪼개어 노력하는 것에 미묘한 차이가 있듯이, 노동과 노력에도 미묘한 차이가 있다. 프로그래밍이 단순한 노동이 되지 않도록 노력해야 한다.

그리고 데이터(Data)의 흑과 백을 구별하여 양과 질이 좋은 정보(Information)를 통해 지식(Knowledge)을 축적해 나가야 한다. 지식은 통찰력(Insight)을 키우고 지혜(Wisdom)로움을 만들어 주는 원동력이 된다는 점을 기억하자.

● 참고문헌

『AI가 인간을 초월하면 어떻게 될까?』, 사이토 가즈노리, 이정환 옮김, 마일스톤

『종의 기원』, 찰스 다윈, 장대익 옮김, 사이언스북스

「빅데이터분석론」, 장시영, 성균관대학교

『한계비용제로사회』, 제러미 리프킨, 안진환 옮김, 민음사

『특이점이 온다』, 레이 커즈와일, 김명남, 장시형 옮김, 김영사

『인지과학』, 이정모, 성균관대학교 출판부

『알고리즘, 인생을 계산하다』, 브라이언 크리스천, 톰 크리피스, 이한음 옮김, 청림출판㈜

『어린왕자』, 앙투안 드 생텍쥐페리, 황현산 옮김, 열린책들

FUNCTION OF THE HUMAN BODY, Arthur C. Guyton, Modern Asia Edition

THE UNDERSTANDING OF BRAIN, J.C.Eccles, 共立全書

SOFT SKILLS, Jhon Sonmez, 日經BP社

Human Information Processing, Peter H. Lindsay & Donald A. Norman, サイエンス 社

遺傳子槪說, J.F. CROW(木村資生 譯), 培風館

ニューラル コンピュータ, 合原 一幸, 東京電機大学 出版局

生體情報の 解明, 今堀和友, 學研

醫用工學 MEの 基礎と應用, 桜井晴久, 共立出版株式會社

生體信號處理の 基礎, 伊藤正美, オーム社

Cによる科學技術演算, 小池真一, CQ

BASICによる物理, 平田邦夫, 共立出版株式會社

実用マクロアセンブラ, 河西朝雄, 技術評論社

人間＝コンピュータ＝人口知能, 野崎 昭弘, サイエンス社

機械学習&ディープラーニング 超入門, 機械学習研究会技術評論社

制御と学習の人間科学, 斎藤 正男, コロナ社

10年後生き残る理系の条件, 竹内健, 毎日新聞出版

人工知能は人間を超えるか, 松尾 豊, 角川EPUB選書

脳のしくみ, 岩田 誠, ナツメ社

アルゴリズムの絵本, (株)アンク

絵でわかる人工知能, 三宅 陽一郎, 森川 幸人, サイエンス・アイ新書

通信のしくみ, 新星出版社

遺伝的アルゴリズムを利用した音楽生成の研究, 髙橋宏太

忘れてしまった高校の確立統計を復習する本, 湯浅 弘一, 中経出版

ディジタル回路の基礎, 斎藤 正夫 外, 東海大学 出版会

輸血管理, 永井書店

ネットワーク管理&運用がわかる本, 程田 和義, 技術評論社

ソフトウエア社会のゆくえ, 玉井 哲雄, 岩波書店

ソフトウエア開発201の鉄則, アラン Mデービス(著) 松原友夫(譯), 日経社

アルゴリズムとデータ構造, 石畑清, 岩波書店

Cによるアルゴリズムとデータ構造, 茨木 俊秀, オーム社

アルゴリズム入門, 宮崎修一, 京都大学 学術情報メディアセンター

アルゴリズムの基礎, 計算量のはなし, 和歌山大学

시대전환,

소프트웨어와
인공지능

초판 1쇄 발행 2023. 6. 15.

지은이 김영근
그린이 김이환
펴낸이 김병호
펴낸곳 주식회사 바른북스

편집진행 김재영
디자인 양헌경

등록 2019년 4월 3일 제2019-000040호
주소 서울시 성동구 연무장5길 9-16, 301호 (성수동2가, 블루스톤타워)
대표전화 070-7857-9719 | **경영지원** 02-3409-9719 | **팩스** 070-7610-9820

•바른북스는 여러분의 다양한 아이디어와 원고 투고를 설레는 마음으로 기다리고 있습니다.

이메일 barunbooks21@naver.com | **원고투고** barunbooks21@naver.com
홈페이지 www.barunbooks.com | **공식 블로그** blog.naver.com/barunbooks7
공식 포스트 post.naver.com/barunbooks7 | **페이스북** facebook.com/barunbooks7

ⓒ 김영근, 김이환, 2023
ISBN 979-11-93127-22-3 93320